서울대 한국어

Workbook 4B

서울대학교 언어교육원

서울대 한국어 4B Workbook

지은이 서울대학교 언어교육원
편집인 박형만, 양승주, James Lee
펴낸곳 (주)투판즈
서울특별시 서초구 논현로 87, 5층
Tel (02)2140-2500
Fax (02)2140-2599
www.twoponds.co.kr
등록 1980년 10월 7일 제2004-000086호
디자인 새담디앤피
초판 1쇄 2015년 12월 30일
17쇄 2021년 3월 1일

정가 12,000원(MP3 CD 포함)
ISBN 978-89-539-3447-4

이 도서의 국립중앙도서관 출판시도서목록(CIP)은 서지정보유통지원시스템(http://seoji.nl.go.kr)과 국가자료공동목록시스템(http://www.nl.go.kr/kolisnet)에서 이용하실 수 있습니다.(CIP제어번호 : CIP2015034824)

Written by Language Education Institute, Seoul National University
Published by TWOPONDS Co., Ltd.
Designed by SAEDAM D&P

머리말 Preface

〈서울대 한국어 4B Workbook〉은 〈서울대 한국어 4B Student's Book〉의 부교재로, 주교재에서 학습한 내용이 연습을 통해 사용 능력으로 정착되도록 구성하였다. 이를 위해 어휘와 문법을 다양한 맥락 속에서 사용해 보고 복습 단원을 통해 정리 학습이 이루어질 수 있도록 하였다.

먼저 어휘는 사용 영역을 고려한 문장 및 대화 단위의 연습 문제를 마련하여 맥락에서 의미를 파악하고 생산적인 사용에 이를 수 있도록 하였다. 다음으로 목표 문법을 문장 및 대화 단위에서 정확하게 사용하여 문장 구성 능력, 담화 구성 능력을 익힐 수 있도록 하였다. 어휘 및 문법의 연습 문제에 제시된 문장이나 대화는 연습을 위한 기계적 문장을 지양하고 실제적 상황, 유의미한 대화에 중점을 두고 제시함으로써 교실에서의 연습이 교실 밖에서의 언어 사용 능력으로 용이하게 연계되도록 하였다. 또한 듣기에서 학습한 담화 기능 표현을 간단한 상황별 대화 연습을 통해 익힐 수 있도록 하였다.

학습 내용을 점검하고 정리하기 위한 복습 단원은 세 과마다 두었다. 복습 단원에서는 각 과에서 제시된 어휘와 문법의 정리 및 연습, TOPIK 형식의 어휘와 문법, 듣기, 읽기 및 쓰기 연습 문제 풀이, 발음 복습 등을 통해 과별로 학습된 언어 지식 및 언어 기술을 확인하고 통합하여 사용해 보도록 하였다. 또한 말하기와 쓰기 확장 연습을 추가로 제공하여 중급 단계의 구어 능력 및 문어 능력을 강화할 수 있도록 하였다.

이 책이 완성되기까지 많은 분들의 노력과 수고가 있었다. 무엇보다 오랜 기간에 걸쳐 집필 및 출판 과정에 참여한 교재개발위원회 선생님들의 헌신으로 책이 만들어질 수 있었다. 또한 직접 수업에서 사용하면서 꼼꼼하게 수정해 주신 서울대학교 언어교육원 한국어교육센터의 여러 선생님들, 정확한 발음으로 녹음을 해 주신 성우 임채헌, 윤미나 선생님의 노고에 감사를 드린다. 아울러 책이 출판되기까지 오랜 기간 동안 작업을 도와주신 투판즈의 사장님과 도현정 부장님, 박형만 편집팀장님, 양승주 대리님을 비롯한 편집진 여러분께도 고마운 마음을 전한다.

2015. 12.
서울대학교 언어교육원
원장 전 영 철

Preface 머리말

<Seoul National University Korean Language 4B Workbook> is a supplementary resource for <Seoul National University Korean Language 4B Student's Book>. This book is carefully coordinated to develop learners' proficiency through exercises supporting the content of the main textbook. It provides a variety of exercises for vocabulary and grammar, and review units.

Sentence level and dialogue level vocabulary exercises are designed to promote learners' ability to grasp meaning in context and apply language in productive manner. Second, grammar exercises develop learners' control of grammar at the sentence level and conversational level, and further expand learning ability to creating sentences and conversational language. Carefully selected sentences from meaningful and authentic communicative contexts enable learners to apply language in real-life situations beyond the classroom. Expressions of discourse-functions from the listening section are also developed with direct speaking exercises. Each review unit consolidates three main units. Review units provide learners with opportunities to organize and practice vocabulary and grammar acquired from each unit through the contrasting of grammar items that are similar in meaning and form—and TOPIK test modeled review exercises for vocabulary & grammar, listening, reading & writing, and a pronunciation review. In addition, extended practices are added to enhance intermediate learners' competence in spoken and written language.

We wish to express our sincere gratitude to all who contributed to this project. We would particularly like to thank the instructors from the textbook development committee. Without their dedication and effort this textbook would not have been possible. Also, we would like to thank numerous instructors of the [Korean] Language Education Institute at Seoul National University for their help in piloting materials and making suggestions. In addition, we would like to thank Lim Chaeheon and Yoon mina for their audio recordings. Finally, we would like to extend our gratitude to the CEO of TWOPONDS, Director Do Hyunjeong, Editorial Manager Park Hyungman, Mr. Yang Seungju, all other editorial staff members for their generous support in having this volume published.

Desember 2015

Jun Youngchul
Executive Director
Language Education Institute, Seoul National University

일러두기 How to use this book

서울대 한국어 4B Workbook은 〈서울대 한국어 4B Student's book〉의 부교재로 10~18과, 복습 4~6으로 구성되었다. 각 과는 '어휘 연습', '문법과 표현 연습', '표현 연습'으로 구성되어 있으며, 복습은 '어휘와 문법, 발음, 듣기, 읽기, 말하기와 쓰기'로 구성되어 있다.

The Seoul National University Korean Language 4B Workbook is a supplementary resource for the <Seoul National University Korean Language 4B Student's Book>. This workbook contains 9 main units and 3 review units. Each unit consists of Vocabulary exercises, Grammar and Expression exercises, and Expression Practice. Review units include Vocabulary and Grammar, Pronunciation, Listening, Reading, and Speaking and Writing exercise.

학습 목표 Learning Goals

각 과의 어휘, 문법과 표현, 문형 연습, 표현 연습의 학습 목표를 제시한다.

The Cover Page presents the learning objectives of the Vocabulary, Grammar and Expression, Sentence Pattern, and Expression Practice portions of each unit.

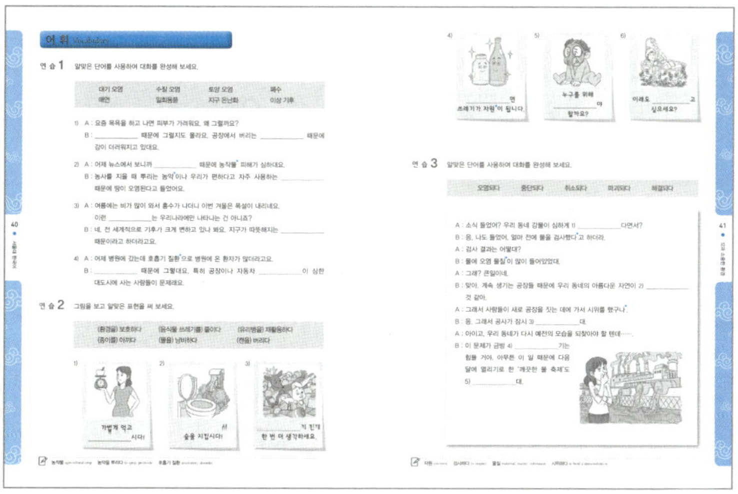

- **어휘** Vocabulary

주제 어휘의 의미를 확인하고 사용 역이나 연어 관계 등을 익히며, 문장 혹은 대화 단위의 어휘 연습을 통해 어휘의 사용 능력을 기른다.

The Vocabulary section develops learners' knowledge of lexical meanings, domain of usage, and collocations while promoting vocabulary use through sentence or dialogue level exercises.

일러두기 How to use this book

• 문법과 표현 Grammar and Expression

문장 단위의 연습, 대화 단위의 연습으로 구성된다.

The Grammar and Expression section offers pattern drill exercises at the sentence and dialogue level.

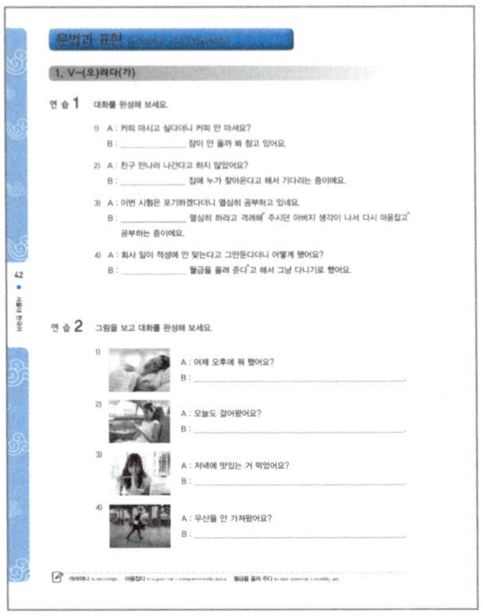

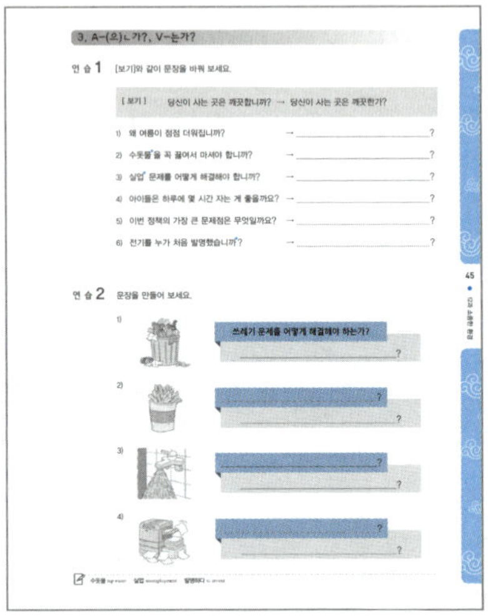

대화 연습

제시어나 그림, 사진을 활용하여 맥락을 드러내는 짧은 대화를 구성한다.

Dialouage level exercises offer short contextual dialogues using given words, illustration, or photographs.

문장 연습

제시어나 그림, 사진을 활용하여 문장을 구성한다.

Sentence level exercises allow for the production of sentences using given words, illustrations, or photographs.

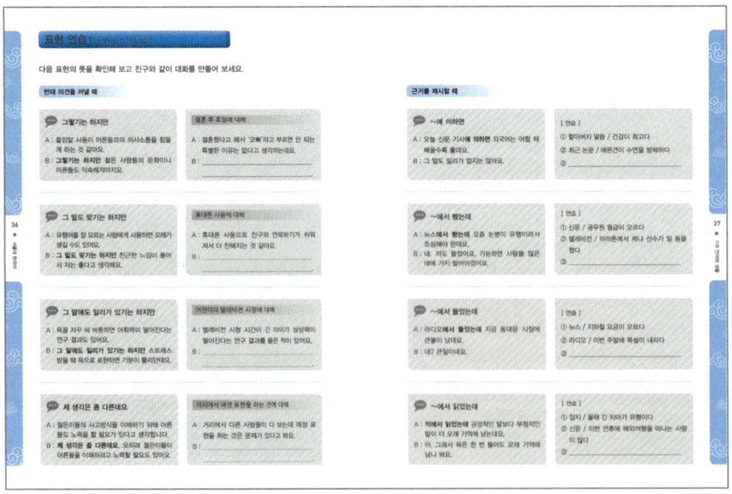

• 표현 연습 Expression Practice

담화 기능 표현을 상황별 대화 연습을 통해 익히도록 한다.

The Expression Practice encourages expressions of discourse-functions through controlled repeated exercises.

• 복습 Review

과별 학습 내용을 연계하여 어휘와 문법, 발음, 듣기, 읽기, 쓰기와 말하기의 영역별 복습을 할 수 있도록 구성되어 있다.

The Review section re-examines the Vocabulary and Grammar, Pronunciation, Listening, Reading, and Speaking & Writing portions of each unit.

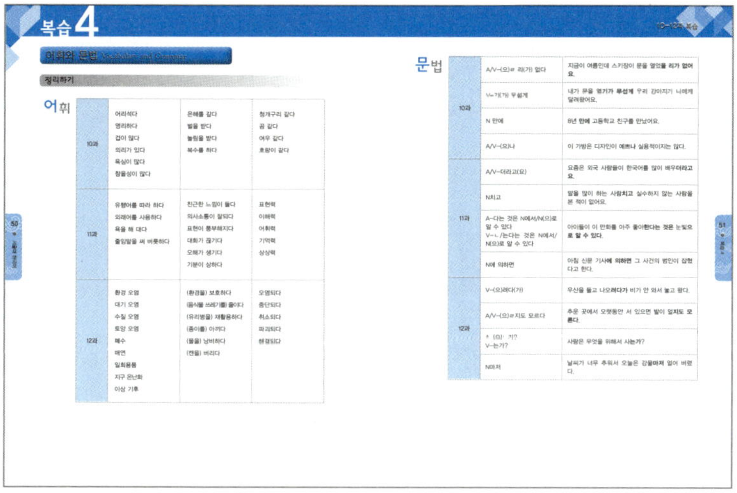

어휘와 문법

주제 어휘, 문법과 표현의 각 항목을 예문과 함께 제시하여 학습 내용을 확인하고 정리할 수 있도록 한다.

The Vocabulary and Grammar section provides a consolidated explanation of each key Vocabulary, and Grammar and Expression item.

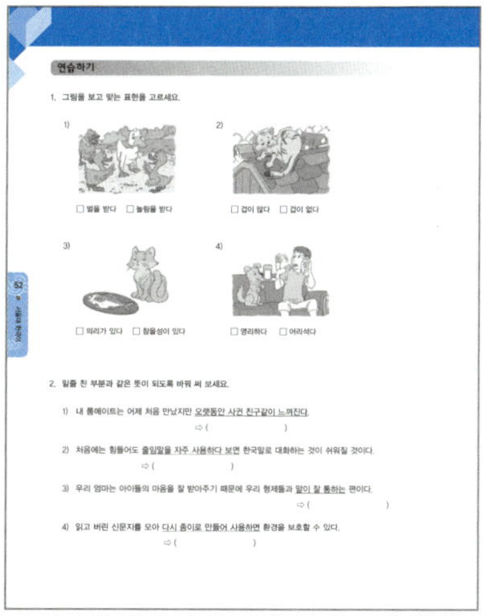

다양한 형태의 연습 문제를 통하여 주제 어휘의 의미와 용법을 재확인하고 연습할 수 있도록 한다.

The Vocabulary section provides practice and review of definition and usage of vocabulary through variety of exercises.

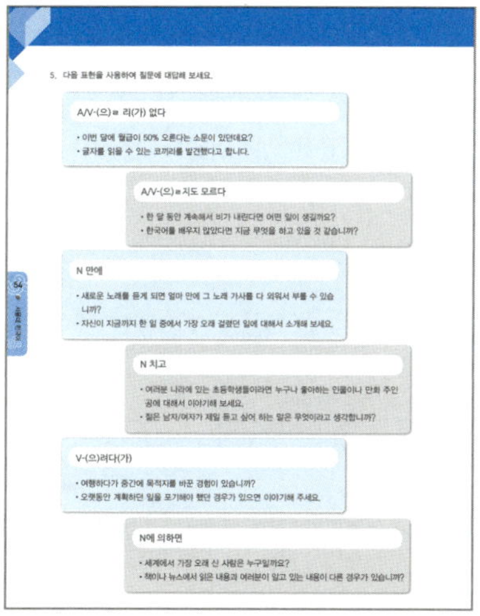

목표 문법에 대한 간단한 질문에 대답하면서 성취도를 점검할 수 있도록 한다.

The Grammar section provides review of the learner's progress through direct questions related to the target grammar.

일러두기 How to use this book

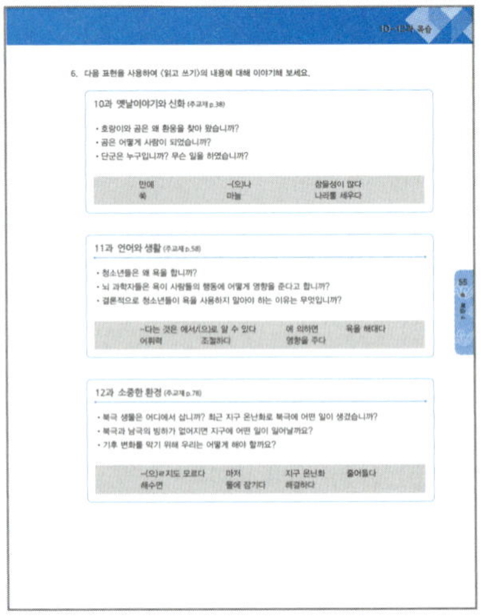

읽고 쓰기 활동

제시된 표현을 사용하여 질문에 대답하면서 각 과의 〈읽고 쓰기〉에 대한 이해를 점검하도록 한다.

The Reading and Writing Exercise section provides a comprehension review of each unit of <Reading and Writing> through question responses using given expressions.

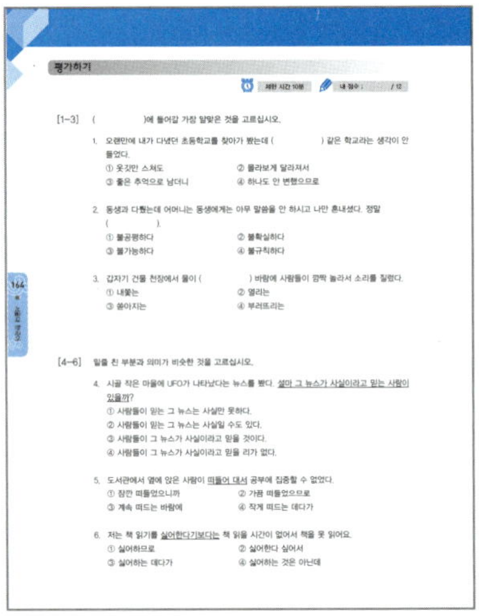

평가하기

어휘, 문법과 표현에 대한 다양한 유형의 문제를 풀면서 학습자의 성취도를 점검할 수 있도록 한다.

The Evaluation section provides a review of learning achievements through variety of exercise concerning vocabulary and grammar expressions.

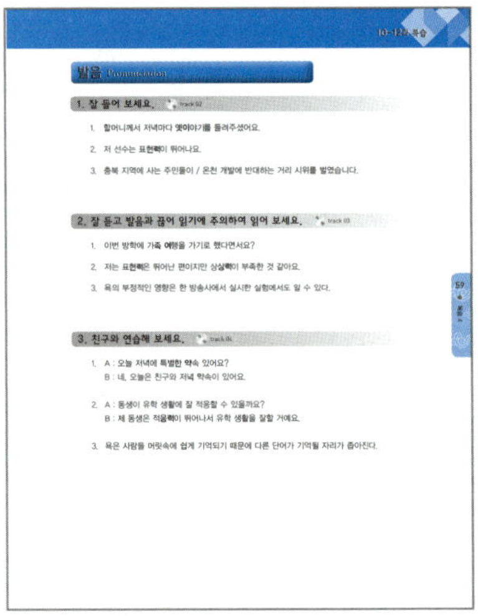

발음

학습한 발음 영역의 내용을 확인하고 연습을 통해 정확한 발음이 내재화될 수 있도록 한다.

The Pronunciation section provides a review of pronunciation rules and ensures successful internalization of accurate pronunciation.

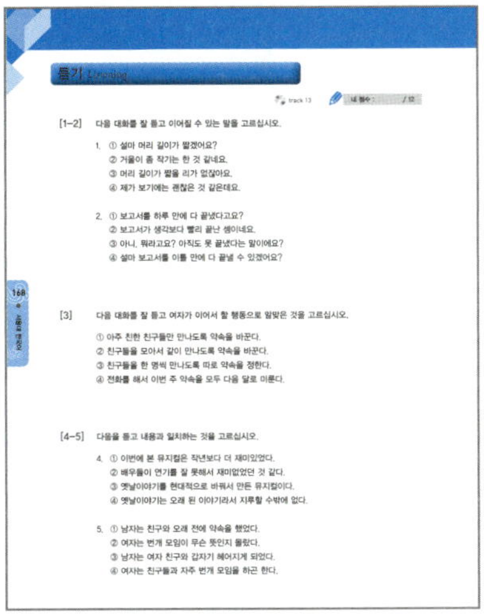

듣기

학습한 주제와 관련된 내용의 문제를 풀면서 의사소통 상황에 대한 이해 능력을 높이도록 한다.

The Listening section promotes topical comprehension in communicative contexts.

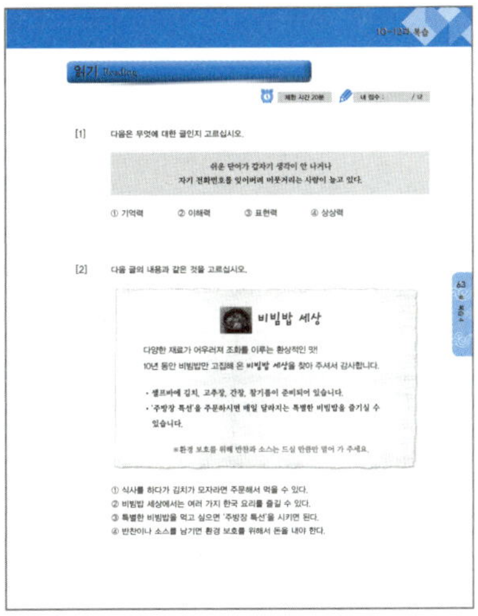

읽기

목표 어휘와 문법이 포함된 다양한 글을 읽고 문제 풀이를 통해 이해를 확인한다.

The Reading section presents various types of texts and exercises that include target vocabularies and grammar to check on comprehension.

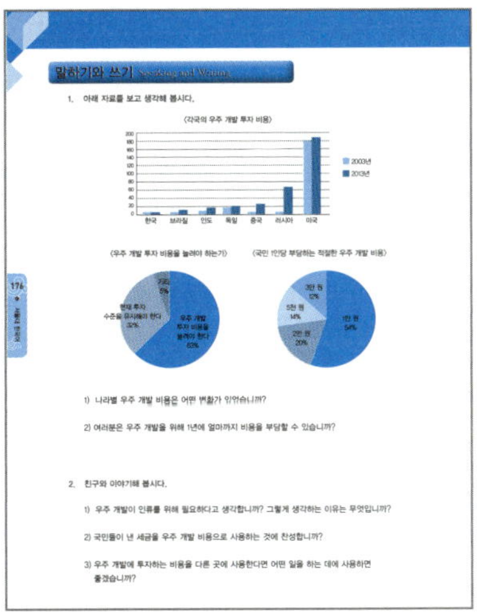

말하기와 쓰기

제시된 자료를 통해 주제에 대해 이야기해 보고 단계적으로 글을 구성하여 완성할 수 있도록 한다.

The Speaking and Writing section provides learners with speaking opportunity followed by step-by-step training to complete writing about given topics.

일러두기 How to use this book

• 부록 Appendix

'듣기 지문', '모범 답안'으로 구성된다.

The Appendix supplies Listening Scripts and Answer Key.

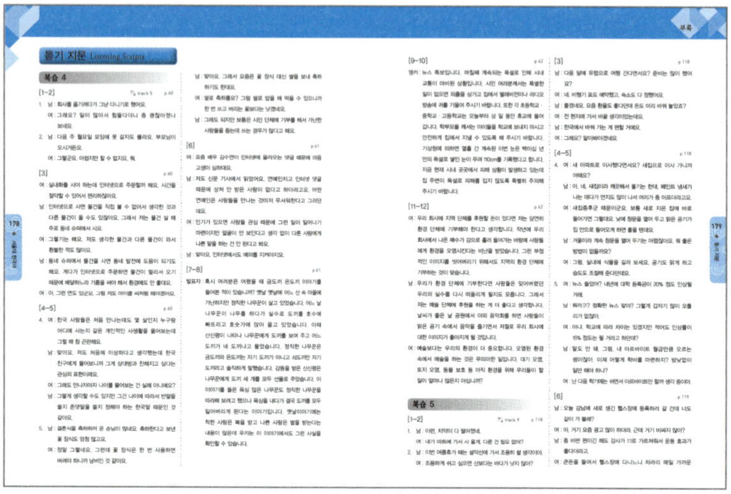

듣기 지문

복습 듣기의 지문을 제공한다.

The Listening Scripts furnish texts of the review-unit listening exercises.

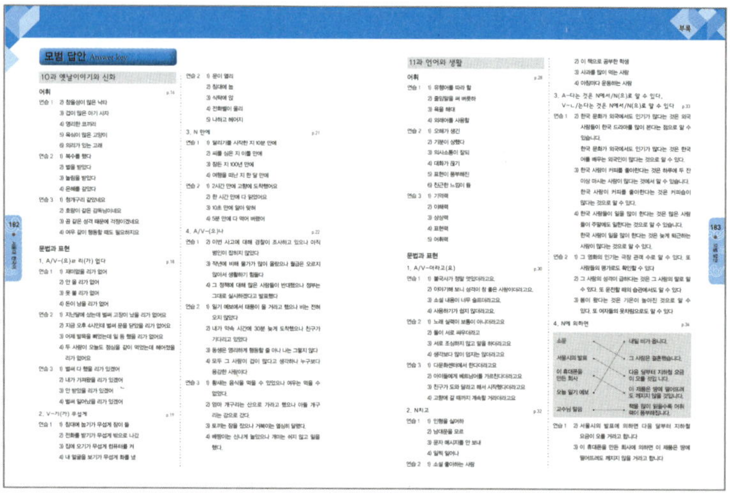

모범 답안

각 과의 '어휘, 문법과 표현'의 문제, 복습의 '어휘와 문법, 듣기, 읽기' 문제에 대한 모범 답안을 제공한다.

The Answer Key supplies correct answers for Vocabulary, Grammar and Expression exercises in main units—and Vocabulary & Grammar, Listening, and Reading exercises in the review units.

차례 Contents

교재 구성표 Scope and Sequence

과 Unit	어휘 Vocabulary	문법과 표현 Grammar and Expression	표현 연습 Expression Practice
10과 옛날이야기와 신화 Old stories and myths	• 성격 Personality • 이야기 내용 설명 Explaining story content • 인물 비유 Likening people (to)	• A/V-(으)ㄹ 리(가) 없다 • V-기(가) 무섭게 • N 만에 • A/V-(으)나	• 옛날이야기 하기 Telling old stories • 불가능 표현하기 Expressing impossibles
11과 언어와 생활 Language and life	• 다양한 말의 사용 Using different ways of saying things • 언어 사용의 특징 Characteristics of language use • -력	• A/V-더라고(요) • N치고 • A-다는 것은 N에서/N(으)로 알 수 있다, V-ㄴ/는다는 것은 N에서/N(으)로 알 수 있다 • N에 의하면	• 반대 의견 꺼내기 Expressing a counter opinion • 근거 제시하기 Presenting a source
12과 소중한 환경 Treasured environment	• 환경 문제 Environmental problems • 환경에 대한 행동 Things done in regard to the environment • -되다	• V-(으)려다(가) • A/V-(으)ㄹ지도 모르다 • A-(으)ㄴ가?, V-는가? • N마저	• 가능성 표현하기 Expressing possibility • 맞장구치기 Expressing agreement
복습 4			
13과 여행의 즐거움 The joy of travel	• 풍경 묘사 Scenery description • 기분 Feelings • -없이	• N(이)면 N, N(이)면 N • V-는 김에 • V-느니 차라리 • N과/와 달리	• 변명하기 Making excuses • 실망 표현하기 Expressing disappointment
14과 숫자의 세계 World of numbers	• 조사 결과 Survey results • 수량 변화 Quantitative changes • -률/율	• N에 따라(서) • A-(으)ㄴ 데다(가), V-는 데다(가) • A-(으)ㄴ 셈이다, V-는 셈이다 • N에 불과하다	• 문제 해결 방법 구하기 Asking for way to resolve problems • 새로 안 사실 표현하기 Expressing that someting new has been learned

10 옛날이야기와 신화
Old stories and myths

어 휘

- 성격
  Personality
- 이야기 내용 설명
  Explaining story content
- 인물 비유
  Likening people (to)

문법과 표현

- A/V-(으)ㄹ 리(가) 없다
- V-기(가) 무섭게
- N 만에
- A/V-(으)나

표현 연습

- 옛날이야기 하기
  Telling old stories
- 불가능 표현하기
  Expressing impossibles

어 휘 Vocabulary

연 습 1 알맞은 다음 표현을 사용하여 신문 기사의 제목을 만들어 보세요.

어리석다	영리하다	겁이 많다	의리가 있다	욕심이 많다	참을성이 많다

동물 신문

1) **어리석은 호랑이**

구멍 속에 들어가면 더 맛있는 고기가 있다는 토끼의 말을 듣고 호랑이가 구멍 속으로 뛰어내렸습니다. 그리고 아직도 못 올라오고 있습니다.

2) ____________

'물 안 마시고 참기 대회'가 열렸습니다. 여러 나라에서 온 동물이 참가를 했는데 그중 몽골에서 온 낙타가 일주일 동안 물을 안 마셔서 일 등을 차지했습니다*.

3) ____________

우리 아기 사자를 도와주세요. 벌*을 너무 무서워해서 벌이 가까이 오면 울면서 그 자리에서 움직이지 않습니다. 어떻게 하면 좋을까요?

4) ____________

코끼리가 머리가 나쁘다는 소문이 있는데 절대로 사실이 아닙니다. 거울을 보고 자기 얼굴을 기억하는 동물은 코끼리밖에 없습니다.

5) ____________

고양이는 왜 먹지도 않을 생선을 저렇게 많이 가지고 있는 것일까요? 자기가 먹지 않으면 친구들에게 주어도 되는데 주지도 않습니다.

6) ____________

어제 바닷가에 고래* 20마리가 나타났습니다. 알고 보니 다친 고래 한 마리를 지키기 위해 위험하지만 친구 고래들이 함께 온 것이었습니다.

일 등을 차지하다 to win first place 벌 bee 고래 whale

연 습 2 알맞은 표현을 사용하여 문장을 완성해 보세요.

은혜를 갚다	벌을 받다	놀림을 받다	복수를 하다

1) 학교 갔다가 집에 와 보니 우리 집 강아지 다리에서 피가 나고 있었다. 알고 보니 옆집에 사는 큰 개가 우리 강아지를 물어서 그렇게 된 것이었다. 너무 화가 나서 그 개를 한 대 때려 줬다.

⇨ 옆집 개에게 ______________________.

2) 프로메테우스*는 인간을 위해 불을 훔쳐다가 주었다. 이 사실을 안 다른 신들은 프로메테우스를 바위에 묶고 새에게 그의 간*을 먹도록 했다.

⇨ 프로메테우스는 평생 간을 먹히는 ______________________.

3) 다른 사슴 친구들은 코가 빨간 루돌프*를 이상하게 생겼다고 놀리면서 웃었다. 루돌프는 정말 외롭고 슬펐다.

⇨ 루돌프는 친구들에게 ______________________.

4) 며칠 전 쥐 한 마리가 사자를 만났는데 착한 사자는 그냥 지나가게 해 주었다. 얼마 후 그 사자가 그물에 걸려 울고 있을 때 쥐가 와서 그물을 끊어 주었다.

⇨ 쥐는 ______________________.

연 습 3 알맞은 표현을 사용하여 대화를 완성해 보세요.

청개구리 같다	곰 같다	여우 같다	호랑이 같다

1) A : 저는 어렸을 때 엄마 말을 정말 안 들었어요. 밥을 먹으라고 하면 숙제하겠다고 하고 숙제하라고 하면 나가서 놀겠다고 하고…….
B : ______________________.

2) A : 저희 축구팀 감독*님은 훈련할 때 얼마나 엄격하고* 무서운지 몰라요.
B : ______________________.

3) A : 제 남동생은 너무 참는 성격이에요. 지난번에도 아무 말도 없이 혼자 방에서 앓고 있는 걸 보고 병원에 데려갔더니 맹장염*이었어요.
B : ______________________.

4) A : 제 동료는 자기가 싫어하는 사람한테도 친절하고 상사한테도 잘하고 듣기 좋은 말만 해요. 그래서 조용히 일만 하는 저보다 더 평가가 좋아요.
B : ______________________.

프로메테우스 Prometheus 간 liver 루돌프 Rudolph 감독 coach 엄격하다 to be strict 맹장염 appendicitis

문법과 표현 Grammar and Expression

1. A/V-(으)ㄹ 리(가) 없다

연 습 1 대화를 완성해 보세요.

1) A : 영화를 예약했는데 재미없을까 봐 걱정이야.
   B : 걱정하지 마. 사람들이 제일 많이 보는 영화니까 ______________________.

2) A : 약속을 잊은 거 아닐까? 알리 씨가 왜 안 오지?
   B : 아까 나랑 전화할 때 온다고 했으니까 ______________________.

3) A : 웨이 씨가 한국어로 면접을 잘 못 보면 어떡하지?
   B : 한국에 유학 온 지 5년이 넘었으니까 ______________________.

4) A : 여행이 다 끝나고 여행비가 남으면 기념품을 하나씩 살까?
   B : 저녁 식사비로 많이 써서 ______________________.

연 습 2 [보기]와 같이 대화를 완성해 보세요.

> [보기]　A : 켈리 씨가 고향으로 돌아갔대요.
> B : <u>학기가 끝나지 않았는데 돌아갔을 리가 없어요.</u>
> (학기가 끝나지 않았다)

1) A : 컴퓨터가 고장 난 것 같아요.
   B : ______________________.
   (지난달에 샀다)

2) A : 지금 시간이면 약국이 벌써 문을 닫았을걸요.
   B : ______________________.
   (지금 오후 4시이다)

3) A : 알리 씨가 달리기 대회에서 일 등 했을까요?
   B : ______________________.
   (어제 발목을 삐었다)

4) A : 유진 씨가 스티븐 씨와 헤어졌대요.
   B : ______________________.
   (두 사람이 오늘도 점심을 같이 먹었다)

연 습 3 [보기]와 같이 대화를 완성해 보세요.

[보기] A : 준호야, 이 음식을 혼자서 다 만들었어?
B : 아니, 이렇게 많은 음식을 내가 다 만들었을 리가 있겠어?

1) A : 벌써 숙제 다 했니? 너 정말 빨리한다!
B : 아니, 그냥 쉬고 있는 거야. ______________________________?

2) A : 아, 비가 너무 많이 오네. 우산이 없는데 넌 가져왔니?
B : 준비 잘하는 너도 안 가져왔는데 __________________________?

3) A : 어제 콘서트에 갔었다면서? 사인은 받았어?
B : 그럼. 내가 얼마나 좋아하는 가수인데 ______________________?

4) A : 지혜한테 전화해서 오늘 같이 테니스 치자고 하자. 일어났겠지?
B : 잠깐만, 지금 일요일 아침 8시잖아. ________________________?

2. V-기(가) 무섭게

연 습 1 [보기]와 같이 대화를 완성해 보세요.

[보기] A : 뉴스를 자주 보세요?
B : 그럼요. 저는 아침에 눈을 뜨기가 무섭게 텔레비전을 켜요.
(눈을 뜨다 / 텔레비전을 켜다)

1) A : 어제 운동 끝나고 집에 가서 바로 잤어?
B : 응, 너무 피곤해서 ______________________________어 버렸어.
(침대에 눕다 / 잠이 들다)

2) A : 유진이 어디 갔어요?
B : 글쎄, 조금 전에 ______________________________어요.
(전화를 받다 / 밖으로 나가다)

3) A : 진우한테 무슨 일 있어? ______________________________던데.
(집에 들어오다 / 컴퓨터를 켜다)
B : 글쎄요. 중요하게 기다리는 메일이 있나 보지요.

4) A : 왜 둘이 싸웠어요?
B : 몰라요. 집에 들어와서 ______________________________어요.
(내 얼굴을 보다 / 화를 내다)

연 습 2 [보기]와 같이 대화를 완성해 보세요.

[보기] A : 어쩌다가 사고가 난 거예요?
B : 어제 늦잠을 자는 바람에 약속 시간에 늦어서 <u>횡단보도에서 신호가 바뀌</u>기가 무섭게 뛰어가다가 사고가 났어요.

1) A : 어떻게 50%나 세일하는 바지를 살 수 있었어요?
B : 새벽*부터 가게 앞에서 줄을 서서 기다리다가 ________________기가 무섭게 뛰어 들어갔지요.

2) A : 왜 어제 숙제를 못 했어요?
B : 어제 저녁에 두 시간 동안 테니스를 치고 집에 와서 ________________기가 무섭게 잠이 들어 버렸거든요.

3) A : 성준 씨가 그 많은 음식을 다 먹은 거예요?
B : 오늘은 아침부터 아무 것도 못 먹었다더니 ________________기가 무섭게 밥 두 그릇을 다 먹던데요.

4) A : 아버지는 어디 나가셨어요?
B : 아까부터 전화기 앞에서 초조하게* 기다리다가 ________________기가 무섭게 밖으로 나가셨어.

5) A : 저 사람 네 여자 친구 아니야?
B : 우리 지난주에 헤어졌어. 내 앞에서 그렇게 슬프게 울더니 ________________기가 무섭게 다른 사람을 만났나 봐.

새벽 early morning 초조하다 to be anxious/restless/nervous

3. N 만에

연 습 1 [보기]와 같이 문장을 완성해 보세요.

[보기] 아기 돼지는 침대에 누운 지 3분 만에 잠이 들었다.
(침대에 눕다 / 3분)

1) 토끼는 ______________________ 산꼭대기에 도착했다.
(달리기를 시작하다 / 10분)

2) 그 나무는 ______________________ 하늘까지 자랐다.
(씨를 심다 / 이틀)

3) 아름다운 공주는 ______________________ 잠에서 깨어났다.
(잠들다 / 100년)

4) 어린 왕자는 ______________________ 집에 돌아왔다.
(여행을 떠나다 / 한 달)

연 습 2 대화를 완성해 보세요.

1) A : 이번 설날에 고향에 갈 때 많이 막혔어요?
B : 아니요, 차들이 별로 없어서 ______________________.

2) A : 그 소설책을 벌써 다 읽었어요?
B : 네, 내용이 아주 흥미진진해서 ______________________.

3) A : 스티븐이 수수께끼를 잘 맞힌다면서?
B : 응, 아무리 어려운 수수께끼도 ______________________.

4) A : 벌써 점심을 다 먹었어?
B : 응, 시간이 없어서 ______________________.

4. A/V-(으)나

연 습 1 바르게 연결하고 문장을 만들어 보세요.

40대들은 경제적인 능력이 있다. •	• 정부는 그대로 실시하겠다*고 발표했다.
이번 사고에 대해 경찰이 조사하고* 있다. •	• 일을 하느라 돈을 쓸 시간이 없다.
작년에 비해 물가가 많이 올랐다. •	• 월급은 오르지 않아서 생활하기 힘들다.
그 정책*에 대해 많은 사람들이 반대했다. •	• 아직 범인*이 잡히지 않았다.

1) 40대들은 경제력이 있으나 일을 하느라 돈을 쓸 시간이 없다.

2) ______________________________.

3) ______________________________.

4) ______________________________.

연 습 2 [보기]와 같이 문장을 만들어 보세요.

[보기] 어머니께서 동생에게 집에 일찍 오라고 하셨다.
⇨ 어머니께서 동생에게 집에 일찍 오라고 하셨으나 동생은 늦게 돌아왔다.

1) 일기 예보에서 태풍이 올 거라고 했다.
⇨ ______________________________.

2) 내가 약속 시간에 30분 늦게 도착했다.
⇨ ______________________________.

3) 동생은 영리하게 행동할 줄 안다.
⇨ ______________________________.

4) 모두 그 사람이 겁이 많다고 생각한다.
⇨ ______________________________.

실시하다 to enforce 조사하다 to investigate 정책 policy 범인 criminal

연 습 3 다음 그림을 보고 이야기를 만들어 보세요.

1)

여우와 황새*

2)

청개구리

3)

토끼와 거북이*

4)

개미*와 베짱이*

황새 stork 거북이 turtle 개미 ant 베짱이 grasshopper; bush cricket

표현 연습 Expression Practice

다음 표현의 뜻을 확인해 보고 친구와 같이 이야기를 만들어 보세요.

옛날이야기를 할 때

옛날 옛날에

옛날 옛날에 동물들이 모여 사는 마을이 있었어요.

__________________ 어느 마을에 가난하지만 정직한 나무꾼이 살고 있었어요.

그러던 어느 날

그 마을에는 호랑이가 한 마리가 있었는데 자기가 제일 힘이 세다고 잘난 척하며 살고 있었어요. **그러던 어느 날** 호랑이가 깊은 구멍에 빠졌어요. 그래서 지나가던 남자가 구해 줬는데 호랑이는 은혜를 모르고 잡아먹으려고 했어요.

나무꾼은 매일 산으로 가서 열심히 나무를 했어요. __________________ 나무를 하다가 그만 도끼를 연못에 빠뜨렸어요. 그때 산신령이 나타나 정직한 나무꾼에게 금도끼와 은도끼까지 선물로 주었어요.

~고 말았습니다

하지만 영리한 토끼의 도움으로 호랑이는 다시 구멍에 빠지**고 말았습니다**.

이웃 마을 욕심 많은 나무꾼은 그 이야기를 듣고 일부러 도끼를 연못에 빠뜨렸습니다. 하지만 욕심을 부리다가 도끼를 모두 __________________.

~었답니다

토끼 덕분에 남자는 무사히 집으로 돌아갈 수 있**었답니다**.

그 일이 있은 후 욕심 많은 나무꾼은 착하고 정직하게 __________________.

불가능할 거라고 믿을 때

~을 리가 있겠어요?

A : 내일 눈이 많이 온대요.
B : 지금 한여름인데 눈이 **올 리가 있겠어요**?

[연습]

① 대통령이 퀴즈 프로그램에 나오다
② 한 살짜리 아이가 책을 읽다
③ ______________________

절대 ~지 않을 거예요

A : 지수 씨가 혼자 여행 간다고 들었어요.
B : 지수 씨는 겁이 많아서 **절대** 혼자 가**지 않을 거예요.**

[연습]

① 새 가방을 사다 / 구두쇠이다
② 수영장에 가다 / 물을 무서워한다
③ ______________________

~다니 말도 안 돼요

A : 곰이 백 일 동안 참아서 사람이 되었어요.
B : 곰이 사람이 되**다니 말도 안 돼요.**

[연습]

① 호랑이가 담배를 피우다
② 산신령이 연못에서 나타나다
③ ______________________

11 언어와 생활
Language and life

어 휘

- 다양한 말의 종류
  Using different ways of saying things
- 언어 사용의 특징
  Characteristics of language use
- –력

문법과 표현

- A/V–더라고(요)
- N치고
- A–다는 것은 N에서/N(으)로 알 수 있다,
  V–ㄴ/는다는 것은 N에서/N(으)로 알 수 있다
- N에 의하면

표현 연습

- 반대 의견 꺼내기
  Expressing a counter opinion
- 근거 제시하기
  Presenting a source

어 휘 Vocabulary

연 습 1 알맞은 표현을 사용하여 문장을 완성해 보세요.

유행어를 따라 하다	외래어를 사용하다
욕을 해 대다	줄임말을 써 버릇하다

1) 요즘 한 코미디 프로그램에서 나온 말이 정말 인기인가 봐요. 옆집*에 사는 초등학생 아이도 그 ______________ 정도던데요.

2) 아들이 '열공'하겠다고 문자를 보냈어요. 무슨 말인지 몰랐는데 '열심히 공부한다'는 뜻이래요. 자꾸 그렇게 ______________면 제대로 된 말을 못 쓰게 될까 걱정이 돼요.

3) 얼마 전에 지하철 타고 가다가 옆에 있는 학생들이 대화를 하는 걸 듣고 깜짝 놀랐어요. 서로 친구인 것 같은데 서로 기분 나쁜 일이 있는지 ______________면서 싸워서 보기 좋지 않았어요.

4) 옷의 종류를 표현할 때는 '스웨터, 원피스, 재킷, 코트, 후드티, 티셔츠' 같은 ______________ 수밖에 없어요. 한국어에는 이런 말이 없잖아요.

연 습 2 빈칸에 알맞은 표현을 사용하여 글을 완성해 보세요.

친근한 느낌이 들다	의사소통이 잘되다	표현이 풍부해지다
대화가 끊기다	오해가 생기다	기분이 상하다

2015년 5월 1일 금요일	☼
오늘 학교에서 발표를 했다. 그런데 친구들이 내 발표를 들으면서 계속 웃었다. 전혀 웃기지 않는 내용이었는데 친구들이 웃어서 뭔가 잘못 알아듣고 1) ______________ 것 같다고 생각했다. 그래서 아주 천천히 자세히 설명했지만 친구들이 계속 웃어서 나는 정말 2) ______________. 나중에 알고 보니 친구들은 내 사투리 억양 때문에 웃었다고 한다. 친한 친구인 수연이는 나에게 사투리를 고쳐 보라고 조언했다. 하지만 나는 사투리를 고칠 생각이 없다. 어떤 사람들은 사투리를 쓰면 무슨 말인지 잘 몰라서 3) ______________지 않는다고 말하기도 한다. 하지만 내 경험에 의하면 사투리를 쓴다고 해서 말하다가 중간에 4) ______________는 경우는 없었다. 나는 다양한 말이 있으면 오히려 한국어의 5) ______________다고 생각한다. 고향 사람들과 만났을 때도 사투리를 쓰면 더 6) ______________아/어서 좋다.	

* 옆집 house next door

연습 3 알맞은 단어를 사용하여 대화를 완성해 보세요.

표현력	이해력	어휘력	기억력	상상력

1) A : 저 사람 지난번에 우리 옆자리에 앉아 있던 사람인데. 어떤 여자하고 말다툼*을 하고 있었잖아. 생각 안 나?
   B : 그래? 난 잘 모르겠는데. 넌 ______________이 정말 좋구나.

2) A : 이 책은 어려워서 무슨 말인지 잘 모르겠어요. 단어는 다 아는데요. 저는 ________이 좀 부족한가 봐요.
   B : 그 분야에 관한 지식*이 없어서 그럴 거예요.

3) A : 아이들에게 그림책이 좋은 이유가 뭐예요?
   B : 그림을 보면서 자유롭게 생각하면 ______________이 풍부해지거든요.

4) A : 저는 다른 사람들에게 제 생각을 제대로 전달할 수가 없어요. ______________이 좋아지게 하려면 어떻게 하면 될까요?
   B : 말하고 싶은 것을 머릿속*으로 하나씩 정리하면서 말하는 습관을 가져 보세요. 자꾸 그렇게 하다 보면 좋아질 거예요.

5) A : 다섯 살밖에 안 된 조카가 저한테 의사소통*이 잘 안된다고 해요.
   B : 네? 다섯 살짜리가 '의사소통'이라는 단어를 써요? ______________이 뛰어나군요.

말다툼 argument 지식 knowledge 머릿속 brain 의사소통 communication

문법과 표현 Grammar and Expression

1. A/V-더라고(요)

연 습 1 그림을 보고 친구와 같이 이야기해 보세요.

1)

여행이 어땠어요?

2)

지난주에 만난 사람이 어땠어요?

3)

이 소설 내용이 어때요?

4)

이 노트북 사용해 보니까 어때요?

연 습 2 [보기]와 같이 대화를 완성해 보세요.

> [보기] A : 오늘도 날씨가 쌀쌀한가요?
> B : 아까 나갔다 왔는데 어제보다 따뜻하더라고요.

1) A : 나오미 씨는 노래를 잘해요?
B : 같이 노래방에 갔는데 ________________________________.

2) A : 정호 씨가 오늘 기분이 안 좋아 보이네.
B : 여자 친구하고 통화하는 것을 들었는데 ________________________.

3) A : 요즘 청소년들이 욕을 너무 많이 사용하는 것 같아요.
B : 네, 저도 지난번에 버스를 탔는데 ____________________________.

4) A : 한 달 동안 외국 출장 다녀왔다고 들었는데 날씨 때문에 힘들지 않았어요?
B : 네, ______________________________.

연습 3 [보기]와 같이 대화를 완성해 보세요.

[보기]

요즘 왜 모임에 잘 안 나와요?

자원봉사 활동 때문에 바빠요.

A : 히엔 씨는 요즘 왜 모임에 잘 안 나와요?

B : 자원봉사 활동 때문에 바쁘다더라고요.

1)

어디에서 봉사 활동을 해요?

다문화센터*에서 해요.

A : 히엔 씨가 어디에서 자원봉사 활동을 한대요?

B : ______________________________.

2)

거기에서 무슨 일을 해요?

아이들에게 베트남어를 가르쳐요.

A : 히엔 씨가 다문화센터에서 무슨 일을 한대요?

B : ______________________________.

3)

어떻게 시작하게 됐어요?

친구가 도와 달라고 해서 시작했어요.

A : 히엔 씨가 그 일을 어떻게 시작하게 되었대요?

B : ______________________________.

4)

언제까지 그 일을 할 거예요?

고향에 갈 때까지 계속할 거예요.

A : 히엔 씨가 언제까지 그 일을 할 거래요?

B : ______________________________.

2. N치고

연 습 1 그림을 보고 대화를 완성해 보세요.

1) 

A : 우리 딸이 이 인형을 좋아할까요?

B : 여자아이치고 ____________________는 아이는 없을 거예요.

2) 

A : 한국 사람들은 저 건물을 다 알아요?

B : 한국 사람치고 ____________________는 사람이 있을까요?

3) 

A : 할머니들도 문자 메시지를 보내실까요?

B : 휴대폰을 가지고 있는 사람치고 ____________________는 사람은 없을 거라고 봐요.

4) 

A : 일찍 자면 일찍 일어날 수 있을까요?

B : 그럼요. 밤에 늦게 자는 사람치고 ____________________는 사람은 없다고 생각해요.

연 습 2 대화를 완성해 보세요.

1) A : 이 작가가 요즘 젊은 사람들 사이에서 유명하다면서요?

B : 네, ____________________________치고 이 작가의 소설을 읽지 않은 사람은 없을걸요.

2) A : 이 책이 단어 공부에 효과가 좋다는 바로 그 책인가요?

B : 맞아요. ____________________________치고 어휘력이 좋아지지 않았다는 학생은 본 적이 없어요.

3) A : 사과를 많이 먹으면 건강해진다는 말이 사실인가요?

B : 그렇대요. ____________________________치고 감기에 걸리는 사람은 없다고 하던데요.

4) A : 수지 씨는 매일 아침 운동을 하는 걸 보니 참 부지런한 사람인가 봐요.

B : 그럴 거예요. ____________________________치고 게으른 사람은 본 적이 없으니까요.

3. A-다는 것은 N에서/N(으)로 알 수 있다, V-ㄴ/는다는 것은 N에서/N(으)로 알 수 있다

연 습 1 친구와 이야기해 보세요.

> 경제가 어렵다는 것은 취직하기가 힘든 것에서 알 수 있습니다.

> 경제가 어렵다는 것은 사람들이 돈을 안 쓰는 것으로 알 수 있습니다.

1)	경제가 어렵다.	취직하기가 힘들다. 사람들이 돈을 안 쓴다.
2)	한국 문화가 외국에서도 인기가 많다.	외국 사람들이 한국 드라마를 많이 본다. ____________________.
3)	한국 사람이 커피를 좋아한다.	하루에 두 잔 이상 마시는 사람이 많다. ____________________.
4)	한국 사람이 일을 많이 한다.	많은 사람들이 주말에도 일한다. ____________________.

연 습 2 그림을 보고 문장을 완성해 보세요.

[보기]

건강 상태는 그 사람의 얼굴색으로 알 수 있다. 또 그 사람의 식사량으로도 알 수 있다.

1)

그 영화의 인기는 ____________ 알 수 있다.
또 ____________________.

2)

그 사람의 성격이 급하다는 것은 ________________ 알 수 있다. 또 ________________________________.

3)

봄이 왔다는 것은 __________________ 알 수 있다. 또 ________________________________.

4. N에 의하면

연 습 1 바르게 연결하고 문장을 만들어 보세요.

소문 •	• 내일 비가 옵니다.
서울시의 발표 •	• 그 사람은 결혼했습니다.
이 휴대폰을 만든 회사 •	• 다음 달부터 지하철 요금이 오를 것입니다.
오늘 일기 예보 •	• 이 제품은 땅에 떨어뜨려도 깨지지 않을 것입니다.
교수님 말씀 •	• 책을 많이 읽을수록 어휘력이 풍부해집니다.

1) 소문에 의하면 그 사람은 결혼했다고 합니다.

2) ____.

3) ____.

4) ____.

5) ____.

연 습 2 [보기]와 같이 친구와 이야기해 보세요.

[보기]

교육 방송

1903년에 라이트 형제가 처음으로 하늘을 날았습니다. 사람도 새처럼 하늘을 날아갈 수 있을 거라고 아무도 생각하지 못했습니다.

교육 방송에 의하면 1903년에 라이트 형제가 처음으로 하늘을 날았다고 합니다.

교육 방송에 따르면 1903년에는 사람이 하늘을 날 수 있을 거라고 아무도 생각하지 못했다고 합니다.

1)

【세계 인구 보고서】

영국 런던

4백만 명 (1890년)

↓

7백 18만 명 (1999년)

2)

◇ 한국 드라마 사전 ◇

한국 드라마 시청률

1위 – 첫사랑(KBS)

2위 – 사랑이 뭐길래(MBC)

3위 – 모래시계(SBS)

4위 – 허준(MBC)

3)

서울신문

천재 바이올리니스트 사라 장

사라 장은 4살 때 처음 바이올린을 시작하여, 5살에 미국 줄리아드 음악학교에 입학했다. 8살 때 벌써…….

표현 연습 Expression Practice

다음 표현의 뜻을 확인해 보고 친구와 같이 대화를 만들어 보세요.

반대 의견을 꺼낼 때

그렇기는 하지만

A : 줄임말 사용이 어른들과의 의사소통을 힘들게 하는 것 같아요.

B : **그렇기는 하지만** 젊은 사람들의 문화이니 어른들도 익숙해져야지요.

결혼 후 호칭에 대해

A : 결혼했다고 해서 '오빠'라고 부르면 안 되는 특별한 이유는 없다고 생각하는데요.

B : ______________________________.

그 말도 맞기는 하지만

A : 유행어를 잘 모르는 사람에게 사용하면 오해가 생길 수도 있어요.

B : **그 말도 맞기는 하지만** 친근한 느낌이 들어서 저는 좋다고 생각해요.

휴대폰 사용에 대해

A : 휴대폰 사용으로 친구와 연락하기가 쉬워져서 더 친해지는 것 같아요.

B : ______________________________.

그 말에도 일리가 있기는 하지만

A : 욕을 자꾸 써 버릇하면 어휘력이 떨어진다는 연구 결과도 있어요.

B : **그 말에도 일리가 있기는 하지만** 스트레스 받을 때 욕으로 표현하면 기분이 풀리던데요.

어린이의 텔레비전 시청에 대해

A : 텔레비전 시청 시간이 긴 아이가 상상력이 떨어진다는 연구 결과를 들은 적이 있어요.

B : ______________________________.

제 생각은 좀 다른데요

A : 젊은이들의 사고방식을 이해하기 위해 어른들도 노력을 할 필요가 있다고 생각합니다.

B : **제 생각은 좀 다른데요.** 오히려 젊은이들이 어른들을 이해하려고 노력할 필요도 있어요.

거리에서 애정 표현을 하는 것에 대해

A : 거리에서 다른 사람들이 다 보는데 애정 표현을 하는 것은 문제가 있다고 봐요.

B : ______________________________.

근거를 제시할 때

~에 의하면

A : 오늘 신문 기사**에 의하면** 외국어는 어릴 때 배울수록 좋대요.
B : 그 말도 일리가 없지는 않아요.

[연습]

① 할아버지 말씀 / 건강이 최고다
② 최근 논문 / 애완견이 수면을 방해하다
③ ______________________

~에서 봤는데

A : 뉴스**에서 봤는데** 요즘 눈병이 유행이라서 조심해야 한대요.
B : 네, 저도 들었어요. 가능하면 사람들 많은 데에 가지 말아야겠어요.

[연습]

① 신문 / 공무원 월급이 오르다
② 텔레비전 / 마라톤에서 케냐 선수가 일 등을 했다
③ ______________________

~에서 들었는데

A : 라디오**에서 들었는데** 지금 동대문시장에 큰 불이 났대요.
B : 네? 큰일이네요.

[연습]

① 뉴스 / 지하철 요금이 오르다
② 라디오 / 이번 주말에 폭설이 내리다
③ ______________________

~에서 읽었는데

A : 책**에서 읽었는데** 긍정적인 말보다 부정적인 말이 더 오래 기억에 남는대요.
B : 아, 그래서 욕은 한 번 들어도 오래 기억에 남나 봐요.

[연습]

① 잡지 / 올해 긴치마가 유행이다
② 신문 / 이번 연휴에 해외여행을 떠나는 사람이 많다
③ ______________________

12 소중한 환경

Treasured environment

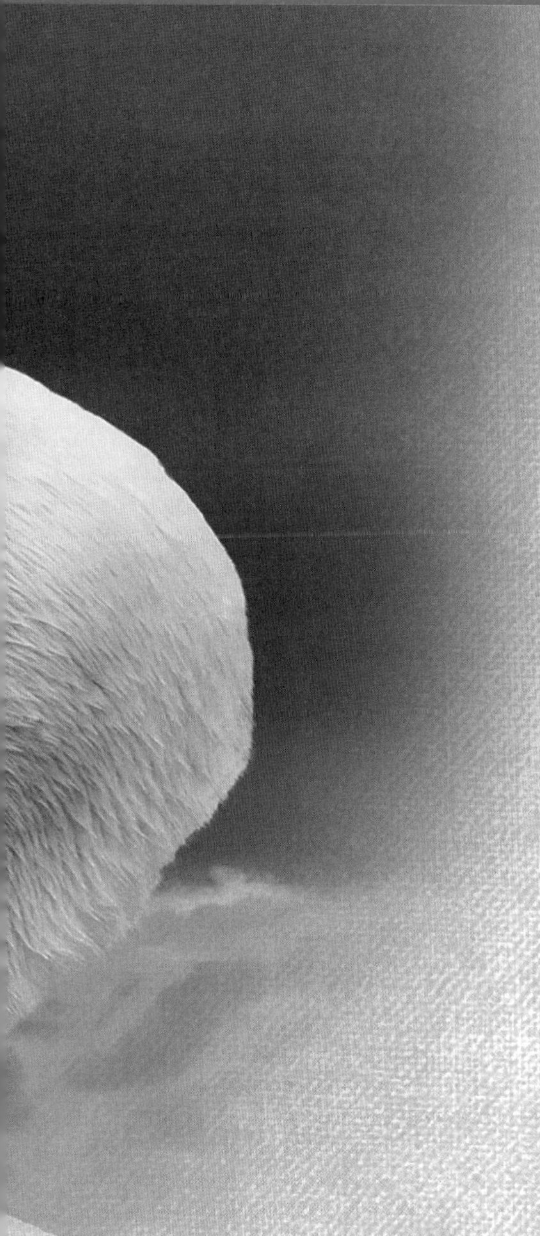

어 휘	• 환경 문제 Environmental problems • 환경에 대한 행동 Things done in regard to the environment • -되다
문법과 표현	• V-(으)려다(가) • A/V-(으)ㄹ지도 모르다 • A-(으)ㄴ가?, V-는가? • N마저
표현 연습	• 가능성 표현하기 Expressing possibility • 맞장구치기 Expressing agreement

어 휘 Vocabulary

연 습 1 알맞은 단어를 사용하여 대화를 완성해 보세요.

대기 오염	수질 오염	토양 오염	폐수
매연	일회용품	지구 온난화	이상 기후

1) A : 요즘 목욕을 하고 나면 피부가 가려워요. 왜 그럴까요?
   B : ____________ 때문에 그럴지도 몰라요. 공장에서 버리는 ____________ 때문에 강이 더러워지고 있대요.

2) A : 어제 뉴스에서 보니까 ____________ 때문에 농작물* 피해가 심하대요.
   B : 농사를 지을 때 뿌리는 농약*이나 우리가 편하다고 자주 사용하는 ____________ 때문에 땅이 오염된다고 들었어요.

3) A : 여름에는 비가 많이 와서 홍수가 나더니 이번 겨울은 폭설이 내리네요. 이런 ____________는 우리나라에만 나타나는 건 아니죠?
   B : 네, 전 세계적으로 기후가 크게 변하고 있나 봐요. 지구가 따뜻해지는 ____________ 때문이라고 하더라고요.

4) A : 어제 병원에 갔는데 호흡기 질환*으로 병원에 온 환자가 많더라고요.
   B : ____________ 때문에 그렇대요. 특히 공장이나 자동차 ____________이 심한 대도시에 사는 사람들이 문제래요.

연 습 2 그림을 보고 알맞은 표현을 써 보세요.

(환경을) 보호하다	(음식물 쓰레기를) 줄이다	(유리병을) 재활용하다
(종이를) 아끼다	(물을) 낭비하다	(캔을) 버리다

1)

가볍게 먹고 ____________ 시다!

2)

____________ 서 숲을 지킵시다!

3)

____________ 기 전에 한 번 더 생각하세요.

농작물 agricultural crop　농약을 뿌리다 to spray pesticide　호흡기 질환 respiratory disorder

4)

__________면
쓰레기가 자원*이 됩니다.

5)

누구를 위해
__________야
할까요?

6)

이래도 __________고
싶으세요?

연습 3 알맞은 단어를 사용하여 대화를 완성해 보세요.

오염되다	중단되다	취소되다	파괴되다	해결되다

A : 소식 들었어? 우리 동네 강물이 심하게 1) __________다면서?

B : 응, 나도 들었어. 얼마 전에 물을 검사했다*고 하더라.

A : 검사 결과는 어떻대?

B : 물에 오염 물질*이 많이 들어 있었대.

A : 그래? 큰일이네.

B : 맞아. 계속 생기는 공장들 때문에 우리 동네의 아름다운 자연이 2) __________ 것 같아.

A : 그래서 사람들이 새로 공장을 짓는 데에 가서 시위를 했구나*.

B : 응. 그래서 공사가 잠시 3) __________대.

A : 아이고, 우리 동네가 다시 예전의 모습을 되찾아야 할 텐데…….

B : 이 문제가 금방 4) __________기는 힘들 거야. 아무튼 이 일 때문에 다음 달에 열리기로 한 '깨끗한 물 축제'도 5) __________대.

자원 resource　검사하다 to inspect　물질 material; matter; substance　시위하다 to hold a demonstration

문법과 표현 Grammar and Expression

1. V-(으)려다(가)

연 습 1 대화를 완성해 보세요.

1) A : 커피 마시고 싶다더니 커피 안 마셔요?
   B : ________________ 잠이 안 올까 봐 참고 있어요.

2) A : 친구 만나러 나간다고 하지 않았어요?
   B : ________________ 집에 누가 찾아온다고 해서 기다리는 중이에요.

3) A : 이번 시험은 포기하겠다더니 열심히 공부하고 있네요.
   B : ________________ 열심히 하라고 격려해* 주시던 아버지 생각이 나서 다시 마음잡고* 공부하는 중이에요.

4) A : 회사 일이 적성에 안 맞는다고 그만둔다더니 어떻게 됐어요?
   B : ________________ 월급을 올려 준다*고 해서 그냥 다니기로 했어요.

연 습 2 그림을 보고 대화를 완성해 보세요.

1) 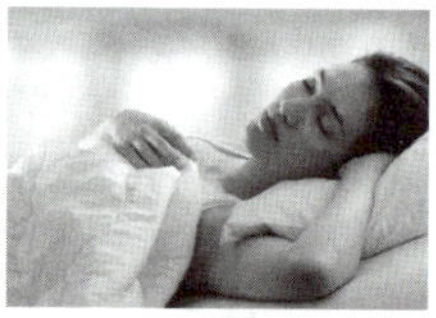
   A : 어제 오후에 뭐 했어요?
   B : ____.

2) 
   A : 오늘도 걸어왔어요?
   B : ____.

3) 
   A : 저녁에 맛있는 거 먹었어요?
   B : ____.

4) 
   A : 우산을 안 가져왔어요?
   B : ____.

격려하다 to encourage　마음잡다 to regain one's composure/settle down　월급을 올려 주다 to raise someone's monthly pay

2. A/V-(으)ㄹ지도 모르다

연 습 1 [보기]와 같이 대화를 완성해 보세요.

> [보기]　A : 이 모자가 스티븐에게 잘 맞을까요?
> B : 글쎄요. 스티븐은 머리가 작아서 좀 클지도 몰라요.
> (작다 / 크다)

1) A : 새벽에 산을 올라갈 때 그렇게 어둡지는 않겠지요?
   B : 산이라서 ______________________. 손전등*을 준비해 가는 게 좋겠어요.
   (캄캄하다 / 밝다)

2) A : 이번 세미나* 발표하는데 농담도 하면서 재미있게 해도 괜찮겠지요?
   B : 글쎄요. 생각보다 분위기가 ______________________. 연세 많으신 교수님들도 많이 참석하시거든요.
   (진지하다* / 진지하지 않다)

3) A : 새로 오신 부장님이 성격이 좋으셔야 할 텐데요.
   B : 잘 모르지만 좀 ______________________. 무뚝뚝하다고 들었던 기억이 나요.
   (무섭다 / 잔소리가 많다*)

4) A : 방이 좀 더운데 에어컨을 켜는 게 어때?
   B : 글쎄, 안 켜는 게 좋을 거 같은데. 나중에 전기 요금이 ______________________.
   (많이 나오다 / 적게 나오다)

연 습 2 대화를 완성해 보세요.

1) A : 시간이 좀 이르기는 하지만 특별히 할 일도 없으니까 약속 장소에 일찍 가자.
   B : 그래. 다른 친구들도 일찍 ______________________.

2) A : 그 전시회가 인기가 많아서 관람객*이 많다고 들었는데 다음에 가면 어때?
   B : 괜찮아. 오늘은 평일이라서 ______________________.

3) A : 배고픈데 영화관에 들어갈 때 김밥을 사 가지고 가도 되겠지?
   B : 안 돼. 냄새가 나서 다른 사람들이 ______________________.

손전등 flashlight　세미나 seminar　진지하다 to be serious　잔소리가 많다 to be nagging　관람객 spectator

4) A : 가방이 무거운데 선반* 위에 올려놓아도 괜찮겠지?

B : 그러지 마. 나중에 지하철에서 내릴 때 ________________.

연 습 3 [보기]와 같이 대화를 완성해 보세요.

> [보기] A : 지금 가면 영화관에 표가 있을까요?
> B : 글쎄요. 주말이라서 벌써 다 팔렸을지도 몰라요.

1) A : 대학교 동창에게 이메일을 보낸 지 오래됐는데 아직 답 메일*이 없네.

B : ________________________. 문자로 연락해 봐.

2) A : 우리가 사귀는 걸 사람들이 눈치를 챘을까*?

B : 아마 ________________________. 네가 나만 보면 웃잖아.

3) A : 왜 심판이 저 선수에게 경고를 주지? 아무 일도 없었던 것 같은데…….

B : 우리는 못 봤지만 ________________________.

4) A : 오늘 집 앞에서 옆집 사람을 만나서 인사를 했는데 저를 이상하게 쳐다보고 그냥 가더라고요.

B : 아마 누구인지 ________________________. 이사 간 지 얼마 안 됐다면서요.

선반 shelf 답 메일 reply mail 눈치를 채다 become aware of

3. A-(으)ㄴ가?, V-는가?

연 습 1 [보기]와 같이 문장을 바꿔 보세요.

[보기] 당신이 사는 곳은 깨끗합니까? → 당신이 사는 곳은 깨끗한가?

1) 왜 여름이 점점 더워집니까? → ______________________?

2) 수돗물*을 꼭 끓여서 마셔야 합니까? → ______________________?

3) 실업* 문제를 어떻게 해결해야 합니까? → ______________________?

4) 아이들은 하루에 몇 시간 자는 게 좋을까요? → ______________________?

5) 이번 정책의 가장 큰 문제점은 무엇일까요? → ______________________?

6) 전기를 누가 처음 발명했습니까*? → ______________________?

연 습 2 문장을 만들어 보세요.

1) 

쓰레기 문제를 어떻게 해결해야 하는가?

______________________?

2) 

______________________?

______________________?

3) 

______________________?

______________________?

4) 

______________________?

______________________?

수돗물 tap water 실업 unemployment 발명하다 to invent

4. N마저

연 습 1 다음 대화를 완성해 보세요.

1) A : 집에 먹을 거 좀 있어요?
   B : 미안해요. 너무 배가 고파서 하나 남은 ________________ 먹어 버렸어요.

2) A : 혹시 만 원만 빌려줄 수 있어요?
   B : 미안해요. 주머니에 들어 있던 ________________ 아까 커피 마시느라 써 버렸어요.

3) A : 미안해, 내가 잘못했어.
   B : 그래도 너무 속상해. 가장 친한 ________________ 날 속였다는 게 말이 돼?

4) A : 오늘은 비가 와서 등산하기 어렵겠는데요.
   B : 그러게요. 참석할 사람이 적어서 걱정했는데 ________________ 도와주질 않네요.

연 습 2 [보기]와 같이 문장을 완성해 보세요.

[보기]

어젯밤에 도둑이 들어서* 입을 옷마저 가져가 버렸다.

1)

추석 연휴라서 ________________________________.

2)

물이 오염되는 것을 신경 쓰지 않고 함부로 물을 쓰다 보니

________________________________.

도둑이 들다 to be robbed

3) 

지난주에 오른손을 다쳤는데 오늘 ______________________.

4) 

저는 수학에는 자신이 있었는데 ______________________.

연 습 3 [보기]와 같이 문장을 완성해 보세요.

[보기] 바람이 불어서 <u>나무에 달려 있던 마지막 나뭇잎마저 떨어졌다</u>.

1) 모임이 너무 늦게 끝나는 바람에 ______________________________.

2) 목감기에 걸려서 밥 먹기 힘들었는데 오늘 아침에 일어났더니 ______________________.

3) 계속 거짓말을 하다가는 ______________________________.

4) 오랫동안 장을 보지 않아서 ______________________________.

5) 요즘 회사일 때문에 눈코 뜰 새 없이 바빠서 ______________________________.

표현 연습 Expression Practice

다음 표현의 뜻을 확인해 보고 친구와 같이 대화를 만들어 보세요.

일어날 수 있는 가능성을 말할 때

~을지도 몰라요

A : 환경 보호가 그렇게 중요한가요?

B : 지금처럼 환경 오염이 심해지면 숨 쉴 공기 마저 없어**질지도 몰라요.**

노트북을 빈 교실에 두고 나가는 친구에게

A : 잠깐 커피 사러 가려고 하는데 노트북을 여기 놓고 가도 되겠지요?

B : ____________________

____________________.

~을 수도 있어요

A : 아직 시간이 남았는데 왜 그렇게 서둘러요?

B : 길이 막혀서 늦게 출발하면 비행기를 놓**칠 수도 있어요.**

흐린 날 외출하는 언니에게

A : 지금 비 안 오니까 우산을 안 가져가도 괜찮겠지?

B : ____________________

____________________.

~을 가능성이 있어요/없어요

A : 등록금이 오른다는 소문을 들었어요.

B : 그래요? 어제 뉴스에서는 올해에는 등록금이 오**를 가능성이 없**다고 하던데요.

날씨를 걱정하는 친구에게

A : 주말에 폭설이 내릴 거라면서요?

B : ____________________

____________________.

상대방의 말에 맞장구칠 때

그러니까요

A : 요즘 뉴스를 보면 나쁜 소식만 있는 것 같아요.

B : **그러니까요**. 좋은 소식도 좀 듣고 싶어요.

층간 소음에 대해

A : 밤에는 다른 사람들을 생각해서 조용히 해야 하는 거 아니에요?

B : ______________________________

______________________________.

그러게 말이에요

A : 커피값이 너무 비싼 것 같아요.

B : **그러게 말이에요**. 밥값보다 비싸다는 게 말이 돼요?

어제 본 드라마에 대해

A : 요즘 드라마 내용은 다 비슷비슷하네요.

B : ______________________________

______________________________.

맞아요

A : 우리는 아이들을 위해서 환경을 보호해야 돼요.

B : **맞아요**. 아이들에게 깨끗한 자연을 물려줘야 죠.

같이 보고 있는 영화에 대해

A : 이 영화 정말 재미없네요.

B : ______________________________

______________________________.

제 말이 바로 그 말이에요

A : 한국 사람은 너무 일만 많이 하는 것 같아요.

B : **제 말이 바로 그 말이에요**. 인생을 좀 더 즐겨야 할 텐데요.

요즘 아이들에 대해

A : 요즘 애들 너무 버릇없죠?

B : ______________________________

______________________________.

복습 4

어휘와 문법 Vocabulary and Grammar

정리하기

어휘

10과	어리석다 영리하다 겁이 많다 의리가 있다 욕심이 많다 참을성이 많다	은혜를 갚다 벌을 받다 놀림을 받다 복수를 하다	청개구리 같다 곰 같다 여우 같다 호랑이 같다
11과	유행어를 따라 하다 외래어를 사용하다 욕을 해 대다 줄임말을 써 버릇하다	친근한 느낌이 들다 의사소통이 잘되다 표현이 풍부해지다 대화가 끊기다 오해가 생기다 기분이 상하다	표현력 이해력 어휘력 기억력 상상력
12과	환경 오염 대기 오염 수질 오염 토양 오염 폐수 매연 일회용품 지구 온난화 이상 기후	(환경을) 보호하다 (음식물 쓰레기를) 줄이다 (유리병을) 재활용하다 (종이를) 아끼다 (물을) 낭비하다 (캔을) 버리다	오염되다 중단되다 취소되다 파괴되다 해결되다

문법

10과	A/V–(으)ㄹ 리(가) 없다	지금이 여름인데 스키장이 문을 열었**을 리가 없어요**.
	V–기(가) 무섭게	내가 문을 열**기가 무섭게** 우리 강아지가 나에게 달려왔어요.
	N 만에	8년 **만에** 고등학교 친구를 만났어요.
	A/V–(으)나	이 가방은 디자인이 예쁘**나** 실용적이지는 않다.
11과	A/V–더라고(요)	요즘은 외국 사람들이 한국어를 많이 배우**더라고요**.
	N치고	말을 많이 하는 사람**치고** 실수하지 않는 사람을 본 적이 없어요.
	A–다는 것은 N에서/N(으)로 알 수 있다 V–ㄴ/는다는 것은 N에서/N(으)로 알 수 있다	아이들이 이 만화를 아주 좋아**한다는 것은** 눈빛**으로 알 수 있다**.
	N에 의하면	아침 신문 기사**에 의하면** 그 사건의 범인이 잡혔다고 한다.
12과	V–(으)려다(가)	우산을 들고 나오**려다가** 비가 안 와서 놓고 왔다.
	A/V–(으)ㄹ지도 모르다	추운 곳에서 오랫동안 서 있으면 발이 **얼지도 모른다**.
	A–(으)ㄴ가? V–는가?	사람은 무엇을 위해서 사**는가**?
	N마저	날씨가 너무 추워서 오늘은 강물**마저** 얼어 버렸다.

연습하기

1. 그림을 보고 맞는 표현을 고르세요.

1) 

☐ 벌을 받다　☐ 놀림을 받다

2) 

☐ 겁이 많다　☐ 겁이 없다

3) 

☐ 의리가 있다　☐ 참을성이 있다

4) 

☐ 영리하다　☐ 어리석다

2. 밑줄 친 부분과 같은 뜻이 되도록 바꿔 써 보세요.

1) 내 룸메이트는 어제 처음 만났지만 오랫동안 사귄 친구같이 느껴진다.

⇨ (　　　　　　　　　　)

2) 처음에는 힘들어도 줄임말을 자주 사용하다 보면 한국말로 대화하는 것이 쉬워질 것이다.

⇨ (　　　　　　　　　　)

3) 우리 엄마는 아이들의 마음을 잘 받아 주기 때문에 우리 형제들과 말이 잘 통하는 편이다.

⇨ (　　　　　　　　　　)

4) 읽고 버린 신문지를 모아 다시 종이로 만들어 사용하면 환경을 보호할 수 있다.

⇨ (　　　　　　　　　　)

3. **빈칸에 공통으로 들어갈 단어를 알맞게 써 보세요.**

1) 아버지께서 정말 ________________ 모자를 잃어버리셨다.
   환경을 보호하기 위해 물을 ________________ 사용해야 한다.

2) 전기 요금을 내지 않아 어제부터 전기가 ________________.
   줄임말을 사용하면 대화가 ________________ 수도 있다.

3) 이 문장은 길이가 너무 기니까 조금만 ________________ 좋겠다.
   건강을 위해서 텔레비전 보는 시간을 ________________ 운동을 더 많이 해야겠다.

4) 생선은 냉장고에 넣지 않으면 쉽게 ________________.
   다른 사람의 기분을 ________________게 하면 자기의 기분도 좋지 않을 것이다.

4. **알맞은 것을 골라 문장을 완성해 보세요.**

1) 갑자기 내린 비 때문에 오늘 모든 경기가 ______________다.
   취소하다 / 취소되다

2) 폐수뿐만 아니라 버려지는 기름도 토양을 ______________ 수 있다.
   오염시키다 / 오염되다

3) 이 건물은 지진 때문에 ______________ 후 다시 지어졌다.
   파괴하다 / 파괴되다

4) 이 문제는 너무 복잡하기 때문에 여러 사람이 함께 ______________야 한다.
   해결하다 / 해결되다

5. 다음 표현을 사용하여 질문에 대답해 보세요.

A/V-(으)ㄹ 리(가) 없다

- 이번 달에 월급이 50% 오른다는 소문이 있던데요?
- 글자를 읽을 수 있는 코끼리를 발견했다고 합니다.

A/V-(으)ㄹ지도 모르다

- 한 달 동안 계속해서 비가 내린다면 어떤 일이 생길까요?
- 한국어를 배우지 않았다면 지금 무엇을 하고 있을 것 같습니까?

N 만에

- 새로운 노래를 듣게 되면 얼마 만에 그 노래 가사를 다 외워서 부를 수 있습니까?
- 자신이 지금까지 한 일 중에서 가장 오래 걸렸던 일에 대해서 소개해 보세요.

N치고

- 여러분 나라에 있는 초등학생들이라면 누구나 좋아하는 인물이나 만화 주인공에 대해서 이야기해 보세요.
- 젊은 남자/여자가 제일 듣고 싶어 하는 말은 무엇이라고 생각합니까?

V-(으)려다(가)

- 여행하다가 중간에 목적지를 바꾼 경험이 있습니까?
- 오랫동안 계획하던 일을 포기해야 했던 경우가 있으면 이야기해 주세요.

N에 의하면

- 세계에서 가장 오래 산 사람은 누구일까요?
- 책이나 뉴스에서 읽은 내용과 여러분이 알고 있는 내용이 다른 경우가 있습니까?

6. 다음 표현을 사용하여 〈읽고 쓰기〉의 내용에 대해 이야기해 보세요.

10과 옛날이야기와 신화 (주교재 p.38)

- 호랑이와 곰은 왜 환웅을 찾아왔습니까?
- 곰은 어떻게 사람이 되었습니까?
- 단군은 누구입니까? 무슨 일을 하였습니까?

만에	-(으)나	참을성이 많다
쑥	마늘	나라를 세우다

11과 언어와 생활 (주교재 p.58)

- 청소년들은 왜 욕을 합니까?
- 뇌 과학자들은 욕이 사람들의 행동에 어떻게 영향을 준다고 합니까?
- 결론적으로 청소년들이 욕을 사용하지 말아야 하는 이유는 무엇입니까?

-다는 것은 에서/(으)로 알 수 있다		에 의하면	욕을 해 대다
어휘력	조절하다	영향을 주다	

12과 소중한 환경 (주교재 p.78)

- 북극 생물은 어디에서 삽니까? 최근 지구 온난화로 북극에 어떤 일이 생겼습니까?
- 북극과 남극의 빙하가 없어지면 지구에 어떤 일이 일어날까요?
- 기후 변화를 막기 위해 우리는 어떻게 해야 할까요?

-(으)ㄹ지도 모르다	마저	지구 온난화	줄어들다
해수면	물에 잠기다	해결하다	

평가하기

제한 시간 10분 | 내 점수 : / 12

[1–3] ( )에 들어갈 가장 알맞은 것을 고르십시오.

1. 나는 ( ) 친구들과 함께 있을 때는 용기를 내서 행동할 수 있다.
   ① 욕심이 많아서 ② 고집이 세며
   ③ 의리가 있는 반면에 ④ 겁이 많은 편이지만

2. 나는 우리 큰형과 열 살이나 차이가 나지만 ( ).
   ① 가끔 대화가 끊긴다 ② 의사소통이 잘된다
   ③ 오해가 생길 수도 있다 ④ 관심거리가 서로 다르다

3. 지금처럼 쓰레기를 함부로 버리다가는 곧 지구 환경이 ( ).
   ① 중단될 것이다 ② 취소될 수도 있다
   ③ 해결될 것이 분명하다 ④ 파괴될지도 모른다

[4–6] 밑줄 친 부분과 의미가 비슷한 것을 고르십시오.

4. <u>최근 연구에 의하면</u> 운동을 너무 많이 하는 것은 건강에 좋지 않다고 한다.
   ① 최근 연구대로 ② 최근 연구에 비해서
   ③ 최근의 연구 결과를 들었는데 ④ 최근에 연구 결과가 나오고 해서

5. 지금 택시를 타지 않으면 회의에 <u>늦을지도 모른다</u>.
   ① 늦은 것 같다 ② 늦을 수도 있다
   ③ 늦을 리가 없다 ④ 늦을 수밖에 없다

6. 아침에 우산을 <u>들고 오려다가</u> 하늘이 맑은 것을 보고 그냥 나왔다.
   ① 들고 오다가는 ② 들고 오다가
   ③ 들고 올까 하다가 ④ 들고 올 듯했지만

[7-10] (   )에 알맞은 것을 고르십시오.

7\. 내 친구 창민이는 키가 아주 클 뿐만 아니라 못하는 운동도 없는 친구이다. 처음 만나는 사람들은 그 친구가 남자답고 용감한 성격일 것이라고 생각한다. 하지만 사실은 마음도 약하고 (   ) 툭하면 울기도 잘한다.

① 겁이 많아서 ② 욕심이 많아서
③ 청개구리 같아서 ④ 친근감이 있어서

8\. 나는 사실적인 그림보다는 공상화를 더 좋아한다. 현실에 존재하지 않거나 체험하지 않은 일을 자유로운 (   )으로 그린 그림이 인간의 감정을 더 잘 표현하고 있다고 믿기 때문이다.

① 상상력 ② 어휘력
③ 이해력 ④ 기억력

9\. 이번 겨울은 겨울 같지가 않다. 손이 꽁꽁 얼 정도로 날씨가 추운 날도 없었고 눈사람을 만들 수 있을 정도로 눈이 많이 내리지도 않았다. 어젯밤에 눈이 내리기 시작해서 하얀 크리스마스를 (   ) 쌓이지는 않았다.

① 기대했더라도 ② 기대했으며
③ 기대하나 마나 ④ 기대했으나

10\. 김 작가가 젊었을 당시에는 사진을 찍는 것이 예술로 인정되지 않았기 때문에 사회적으로 알아주는 사람도 없었고 (   ) 반대하셔서 사진 공부를 포기할 수밖에 없었다고 한다.

① 부모님마저 ② 부모님이야말로
③ 부모님을 비롯해서 ④ 부모님에 비해서

[11] 다음은 신문 기사의 일부입니다. (　　　　　　)에 알맞은 것을 고르십시오.

최악의 기름 유출 사고

2007년 12월 7일 태안 앞바다에서 기름을 싣고 가던 유조선에 다른 배가 부딪치면서 유조선 탱크에 있던 총 12,547㎘의 기름이 바다로 흘러 들어가는 사고가 발생했다. 이틀 만에 겨우 유조선의 구멍을 막았지만 이미 태안군의 바다와 해수욕장 등은 흘러나온 기름에 (　　　　　　) 바닷속의 생물 숫자는 반으로 줄었다.

① 중단되었고　　② 오염되었고
③ 파괴되었고　　④ 낭비되었고

[12] 다음은 책 소개 글입니다. (　　　　　　)에 알맞은 것을 고르십시오.

왕자와 공주는 행복하게 잘 살았을까?

서로 너무나 다른 두 사람이 만나서 사랑에 빠지게 되고 결혼을 약속합니다. 서로 다른 점이 더 매력적으로 보입니다. 사람들이 너희 둘은 너무 달라서 어울리지 않는다고 소리쳐도 들리지 않습니다. 결혼한 후에도 눈앞에 존재하는 어려움을 '(　　　　　　)'라고 말하면서 무시하려고 합니다.

이 책에서는 결혼 후 서로의 차이 때문에 힘들어하는 남녀가 어떻게 행복하게 살 수 있는지 구체적인 방법을 알려 주고 있습니다.

① 왜 그런가?　　② 그럴지도 모른다.
③ 그럴 리가 없다.　　④ 그렇게 살면 된다.

발음 Pronunciation

1. 잘 들어 보세요. track 02

1. 할머니께서 저녁마다 **옛이**야기를 들려주셨어요.
2. 저 선수는 표현**력**이 뛰어나요.
3. 충북 지역에 사는 주민들이 / 온천 개발에 반대하는 거리 시위를 벌였습니다.

2. 잘 듣고 발음과 끊어 읽기에 주의하여 읽어 보세요. track 03

1. 이번 방학에 가족 **여**행을 가기로 했다면서요?
2. 저는 표현**력**은 뛰어난 편이지만 상상**력**이 부족한 것 같아요.
3. 욕의 부정적인 영향은 한 방송사에서 실시한 실험에서도 알 수 있다.

3. 친구와 연습해 보세요. track 04

1. A : 오늘 저녁에 특별한 **약**속 있어요?
   B : 네, 오늘은 친구와 저녁 **약**속이 있어요.
2. A : 동생이 유학 생활에 잘 적응할 수 있을까요?
   B : 제 동생은 적응**력**이 뛰어나서 유학 생활을 잘할 거예요.
3. 욕은 사람들 머릿속에 쉽게 기억되기 때문에 다른 단어가 기억될 자리가 좁아진다.

듣기 Listening

track 05 내 점수 : / 12

[1-2] 다음 대화를 잘 듣고 이어질 수 있는 말을 고르십시오.

1. ① 좋은 회사가 많더라고요.
   ② 이번에 회사를 옮겨서 그래요.
   ③ 그건 아니지만 좀 참아 보려고요.
   ④ 회사가 괜찮기는 하지만 어쩔 수 없잖아요.

2. ① 당연히 갈 수 있어요.
   ② 절대 가지 않을 거예요.
   ③ 혹시 시간이 되면 갈게요.
   ④ 방금 말한 대로 꼭 갈게요.

[3] 다음 대화를 잘 듣고 여자가 이어서 할 행동으로 알맞은 것을 고르십시오.

① 실내화를 인터넷을 통해서 산다.
② 실내화를 환경을 위해 재활용한다.
③ 인터넷으로 산 실내화를 환불한다.
④ 동네 슈퍼마켓에 가서 실내화를 산다.

[4-5] 다음을 듣고 내용과 일치하는 것을 고르십시오.

4. ① 한국 사람들이 나에 대해 관심을 가졌으면 좋겠다.
   ② 한국 사람들이 나이를 물어보는 것은 관심의 표현이다.
   ③ 한국 사람들이 사생활에 대해 질문하는 것을 고쳐야 한다.
   ④ 한국 사람과 친해지고 싶으면 나이를 먼저 물어보는 게 좋다.

5. ① 결혼식에 손님이 많으면 안 된다.
   ② 결혼식에 보내는 꽃 장식은 낭비이다.
   ③ 쌀보다는 꽃 장식을 선물하는 게 좋다.
   ④ 결혼식에 가난한 사람들을 초대해야 한다.

[6] 다음을 듣고 여자의 중심 생각을 고르십시오.

① 인터넷에서 댓글을 달 때 예의를 지켜야 한다.
② 연예인은 인터넷에서 관심받는 것을 좋아한다.
③ 배우 김수연은 사람들을 만나는 것을 무서워한다.
④ 두 사람은 인터넷 댓글 때문에 상처받은 적이 있다.

[7-8] 다음을 듣고 물음에 답하십시오.

7. 이 이야기의 주제로 맞는 것을 고르십시오.
① 착한 사람은 복을 받기 마련이다.
② 도움을 받으면 은혜를 갚아야 한다.
③ 참을성이 많으면 좋은 일이 생긴다.
④ 욕심이 많으면 도끼를 얻을 수 없다.

8. 이야기 순서대로 번호를 써 보십시오.

(1)　　( )　　( )

( )　　( )　　( )

[9–10] **다음을 듣고 물음에 답하십시오.**

9. 방송에 대한 설명으로 맞는 것을 고르십시오.
   ① 내일의 날씨를 알려 주는 일기 예보이다.
   ② 폭설의 상황을 알려 주는 특별 방송이다.
   ③ 학교생활을 안내하는 학교 교내 방송이다.
   ④ 시내 교통 상황을 알려 주는 교통 방송이다.

10. 이 방송을 듣고 사람들이 해야 할 행동이 아닌 것을 고르십시오.
   ① 외출할 때는 대중교통을 이용해야 한다.
   ② 텔레비전이나 라디오 방송을 들어야 한다.
   ③ 집 주변에 눈 피해가 없는지 계속 확인한다.
   ④ 학생들은 학교에 가지 말고 집에 있어야 한다.

[11–12] **다음을 듣고 물음에 답하십시오.**

11. 두 사람이 토론하는 주제로 맞는 것을 고르십시오.
   ① 회사에 지역 단체에 후원할 돈이 있는가?
   ② 회사의 부정적인 이미지를 어떻게 없앨 것인가?
   ③ 회사에서 어느 단체에 기부금을 후원할 것인가?
   ④ 환경 보호와 예술 활동 중에서 무엇이 중요한가?

12. 들은 내용으로 맞는 것을 고르십시오.
   ① 이 회사는 예술 관련 공연을 하는 회사이다.
   ② 이 회사는 환경 오염을 시켰다는 오해를 받고 있다.
   ③ 여자는 예술 단체에 후원해야 한다고 주장하고 있다.
   ④ 남자는 환경 단체에 기부하는 것에 대해 반대하고 있다.

읽기 Reading

제한 시간 20분 내 점수 : / 12

[1] 다음은 무엇에 대한 글인지 고르십시오.

> 쉬운 단어가 갑자기 생각이 안 나거나
> 자기 전화번호를 잊어버려 머뭇거리는 사람이 늘고 있다.

① 기억력 ② 이해력 ③ 표현력 ④ 상상력

[2] 다음 글의 내용과 같은 것을 고르십시오.

비빔밥 세상

다양한 재료가 어우러져 조화를 이루는 환상적인 맛!

10년 동안 비빔밥만 고집해 온 **비빔밥 세상**을 찾아 주셔서 감사합니다.

- 셀프바에 김치, 고추장, 간장, 참기름이 준비되어 있습니다.
- '주방장 특선'을 주문하시면 매일 달라지는 특별한 비빔밥을 즐기실 수 있습니다.

※환경 보호를 위해 반찬과 소스는 드실 만큼만 덜어 가 주세요.

① 식사를 하다가 김치가 모자라면 주문해서 먹을 수 있다.
② 비빔밥 세상에서는 여러 가지 한국 요리를 즐길 수 있다.
③ 특별한 비빔밥을 먹고 싶으면 '주방장 특선'을 시키면 된다.
④ 반찬이나 소스를 남기면 환경 보호를 위해서 돈을 내야 한다.

[3] **다음은 신문 기사의 제목입니다. 가장 잘 설명한 것을 고르십시오.**

30년 만에 잃어버린 아이를 찾아

① 30년 전에 아이를 찾았다.
② 잃어버린 아이를 30년 동안 찾고 있다.
③ 30년 전에 잃어버린 아이를 마침내 찾았다.
④ 30년이 지났지만 아직 아이를 만나지 못했다.

[4] **다음을 순서대로 맞게 나열한 것을 고르십시오.**

(가) 음식물 쓰레기를 줄이기 위해서는 먹고 남는 음식이 없게 하는 것이 중요합니다.
(나) 그러기 위해서 한 번에 먹을 수 있을 정도만 요리를 하도록 합시다.
(다) 그래도 남는 음식이 있다면 그대로 버리지 말고 양을 줄여서 버리는 것이 좋습니다.
(라) 환경을 보호하기 위해 우리가 쉽게 할 수 있는 일은 음식물 쓰레기를 줄이는 것입니다.

① (가)–(나)–(라)–(다)　② (가)–(라)–(나)–(다)
③ (라)–(가)–(나)–(다)　④ (라)–(나)–(다)–(가)

[5-6] **다음을 읽고 (   )에 들어갈 내용으로 가장 알맞은 것을 고르십시오.**

5.

당신은 지금 당신이 살고 있는 지구가 아름답다고 생각하는가? 우리 할아버지, 할머니들이 아이였을 때 지구는 지금보다 더 아름다웠다. 산은 더 푸르렀고 호수, 강, 바다는 더 깨끗했다. 오늘날 우리는 이전보다 많이 생산하고 많이 사용하고 많이 버리고 있다. 발전된 사회 속에서 우리는 편리하게 살고 있으나 우리가 이런 일들을 계속할 때 지구는 (   )는 것을 기억해야 한다.

① 자꾸 뜨거워진다
② 점점 오염되고 있다
③ 우리를 파괴하고 있다
④ 아름다워질 수밖에 없다

6.

영국의 한 조류 학자의 말에 의하면 새들도 사람처럼 사투리를 쓴다고 한다. 멀리 떨어진 두 지역에서 각각 40마리 새들의 울음소리를 관찰한 결과 같은 종류의 새 울음소리도 지역에 따라 억양이 달랐다고 한다. 그래서 새들은 울음소리를 들으면 서로 사는 지역이 다르다는 것을 알 수 있다고 한다. 같은 지역에 사는 새들의 울음소리를 들려주면 즐겁게 대답을 한 반면에 다른 지역에 사는 새들의 울음소리를 들려주면 (   ).

① 공격적으로 반응했다고 한다
② 다른 울음소리를 낸다고 한다
③ 똑같이 따라 할 수 없다고 한다
④ 반갑게 웃으면서 인사한다고 한다

[7] **다음 글에서 [보기]의 문장이 들어가기에 가장 알맞은 곳을 고르십시오.**

옛날 어느 숲속에 토끼와 거북이가 살고 있었다. 그 둘은 매일 숲속에서 사이좋게 놀았다. (㉠) 그러던 어느 날 토끼와 거북이는 산꼭대기까지 달리기 경주를 하기로 했다. (㉡) 뒤를 돌아보고 자기가 거북이에게 질 리가 없다고 생각한 토끼는 나무 아래에서 잠깐 낮잠을 자기로 했다. (㉢) 토끼가 자고 있는 동안 쉬지 않고 달린 거북이는 토끼보다 먼저 결승선에 도착했다. (㉣) 나중에 잠에서 깨어난 토끼는 자기의 어리석은 행동을 후회했다.

[보기] 출발하기가 무섭게 토끼는 산 중간까지 달려갔다.

① ㉠　　② ㉡　　③ ㉢　　④ ㉣

[8] **다음 글의 주제로 가장 알맞은 것을 고르십시오.**

'맑은 물에는 고기가 없다'라는 속담이 있다. 사람이 너무 규칙과 법만 따지면 친구가 떠난다는 뜻이다. 인간관계에서 모든 일을 너무 정확하게 계산하면 정이 없는 사람이 되기 마련이다. 맑은 물처럼 완벽하게 행동하는 것이 좋은 인간성을 의미하지는 않는다. 그런 성격을 가진 사람은 일을 할 때는 좋은 동료일 수 있지만 친구가 되기는 어렵다. 친구 사이에서는 작은 잘못은 용서하고 가끔 알고도 속아 주면서 지내야 재미있고 따뜻한 친구가 될 수 있다.

① 인간관계에서는 규칙과 법이 중요하다.
② 실수가 많으면 좋은 동료가 되지 못한다.
③ 좋은 친구가 되려면 완벽하게 행동해야 한다.
④ 너무 완벽한 사람은 인간관계를 맺기 어렵다.

[9-10] 다음을 읽고 물음에 답하십시오.

신화는 신의 이야기를 빌려 인간의 이야기를 하고 있다. 세계의 많은 나라들은 신화를 가지고 있는데 그 이야기는 하나하나마다 다 다르지만 대부분의 신화들이 신의 이야기 속에서 인간의 생활을 이야기하고 있다는 점에서는 같다.

단군 신화는 한국에 나라를 세웠다는 단군의 이야기이다. 단군 신화를 보면 동굴 속에 살았던 곰과 호랑이의 이야기가 나온다. 그 이야기를 통해 그때 사람들이 동굴 속에서 생활했다는 것과 곰을 숭배하던 부족이 있었다는 사실을 알 수 있다. 곰은 여자가 되어 환웅과 결혼하게 되었지만 호랑이는 사람이 되는 데에 실패한다. 이것을 통해 더 발전된 문화를 가진 환웅의 부족이 (   )는 것을 알 수 있다. 한국에는 이외에도 많은 신화들이 있는데 대부분 나라를 새로 세운 것과 관계가 많다.

9. 이 글의 내용과 같은 것을 고르십시오.
   ① 세계의 신화들은 그 내용이 다 비슷하다.
   ② 단군 신화는 세계를 만든 신에 대한 이야기이다.
   ③ 단군 신화를 통해 사람들이 동굴 속에서 살았다는 것을 알 수 있다.
   ④ 곰은 사람과 같이 살 수도 있지만 호랑이는 사람과 같이 살 수 없다.

10. (   )에 들어갈 내용으로 알맞은 것을 고르십시오.
   ① 동물을 숭배하는 사람들을 싫어했다
   ② 한국에 새로운 나라를 세우게 되었다
   ③ 호랑이를 숭배하던 사람들을 도와주었다
   ④ 곰을 숭배하던 사람들과 함께 살게 되었다

[11-12]

'장소'라는 말에 두 가지 의미가 있다고 생각해 본 적이 있는가? 보통 '장소'는 누구에게나 열려 있는 일반적인 공간이지만 어떤 장소는 개인적인 의미가 담겨 있는 곳이 되기도 한다. 예를 들면 우리가 매일 걸어가는 가로수 길은 그저 지나가는 '장소'이지만, 헤어진 연인과의 기억이 있는 사람에게는 특별한 '장소'가 되는 것이다.

오스트레일리아의 중앙에는 울루루(Uluru)라고 불리는 세계에서 가장 큰 바위가 있다. 울루루를 방문하는 관광객들은 원하면 이 바위에 올라가 볼 수도 있으나 입구에 가면 다음과 같은 안내문이 붙어 있다.

○ 울루루에 올라가도 됩니다. 그러나 바람이 세게 불거나 비가 오면 올라가지 마십시오. 올라가다가 떨어지거나 미끄러져서 다칠 수도 있기 때문입니다. - 국립공원관리공단	○ 여러분은 이 바위에 올라갈 수 있습니다. 그렇지만 우리에게 이 바위는 신성한 곳입니다. 우리는 울루루가 보호되고 존경받기를 바랍니다. - 울루루 원주민

국립공원관리공단에게 울루루라는 바위는 그냥 보호해야 할 장소지만 울루루 원주민에게는 (   )라는 것을 알 수 있다.

11. 이 글의 내용과 같은 것을 고르십시오.
   ① 장소는 누구에게나 같은 의미를 가지는 곳이다.
   ② 추억이 있는 곳은 개인적으로 의미 있는 장소가 된다.
   ③ 울루루를 방문하는 관광객들은 바위에 올라가서는 안 된다.
   ④ 울루루에 올라가다가 다치면 국립공원관리공단으로 연락하면 된다.

12. (   )에 들어갈 내용으로 알맞은 것을 고르십시오.
   ① 보호할 수 없는 장소
   ② 올라가면 안 되는 장소
   ③ 세계에서 가장 큰 장소
   ④ 큰 의미가 있는 소중한 장소

말하기와 쓰기 Speaking and Writing

1. 아래 자료를 보고 이야기해 봅시다.

[미국의 일일 석유 소비량]

1995년	2005년
1,770만 배럴	2,070만 배럴

[중국의 일일 석유 소비량]

1980년	2006년
340만 배럴	700만 배럴

[한국의 자동차 생산량]

1975년	1996년	2011년
3만 7000대	280만 대	465만 8000대

(전 세계적으로 55%의 석유가 운송 부문에서 소비되고 있음)

1) 미국과 중국의 석유 소비량에 어떤 변화가 있습니까?

2) 한국의 자동차 생산량은 어떻게 변화했습니까?

2. 친구와 이야기해 봅시다.

1) 우리 생활에서 석유가 어떻게 사용되고 있습니까?

2) 석유가 점점 고갈되는 이유는 무엇이라고 생각합니까?

3) 석유가 고갈되면 어떤 문제가 생길 것이라고 예상됩니까?

4) 석유의 고갈을 막기 위해 우리는 어떤 노력을 해야 합니까?

3. **다음을 주제로 자신의 생각을 600~700자로 글을 쓰십시오.**

우리 일상생활에서 석유는 없어서는 안 되는 꼭 필요한 자원입니다. 하지만 지구상에 있는 석유는 점점 고갈되고 있다고 합니다. 석유가 고갈되는 이유는 무엇이며 석유가 없으면 우리 생활에 어떤 문제가 생기는지 또 그것을 막기 위해 우리는 무엇을 해야 하는지에 대해 써 보세요.

서론	주제를 다시 정리하여 쓰기 ________ ________ ________

본론	문단 1	석유가 고갈되는 이유에 대해 쓰기 (근거를 제시하여 설명하기)
	문단 2	석유 고갈로 생기는 문제점에 대해 쓰기 (예를 들어 설명하기)

본론	문단 3	생활 속에서 실천할 수 있는 해결 방법 제시하여 쓰기 (두세 가지로 나누어 쓰기) __________ __________ __________ __________

결론	전체적인 요약과 정리하기 __________ __________ __________

13 여행의 즐거움

The joy of travel

어 휘	• 풍경 묘사 Scenery description • 기분 Feelings • –없이
문법과 표현	• N(이)면 N, N(이)면 N • V–는 김에 • V–느니 차라리 • N과/와 달리
표현 연습	• 변명하기 Making excuses • 실망 표현하기 Expressing disappointment

어휘 Vocabulary

연 습 1 바르게 연결해 보세요.

1) 들판이 끝없이 펼쳐져 있어요. • • ① 

2) 높은 빌딩이 줄지어 서 있어요. • • ② 

3) 거리가 낙엽으로 가득해요. • • ③ 

4) 하늘이 빨갛게 물들었어요. • • ④ 

5) 꽃향기가 바람에 날려요. • • ⑤ 

연 습 2 알맞은 표현을 사용하여 문장을 완성해 보세요.

가슴이 뻥 뚫리다	기분이 상쾌해지다
머리가 맑아지다	마음이 차분해지다

1) 중요한 발표를 하기 전에는 항상 긴장되고 떨린다. 그럴 때 혼자서 조용한 클래식 음악을 듣다 보면 ____________________.

2) 복잡한 도시에서 바쁘게 일하다가 넓은 바다에 와서 끝없이 펼쳐진 수평선*을 바라보니 답답하게 막혔던 ____________________ 것 같다.

3) 세 시간째 이 문제로 고민하고 있으나 해결 방법이 떠오르지 않는다. 머리가 무거워서 아무 생각도 나지 않는다. 맑은 공기를 마시면서 산책 좀 하다가 ____________________면 다시 생각해 봐야겠다.

4) 더운 날씨에 운동을 했더니 땀을 많이 흘려서 기분이 안 좋았다. 집에 돌아와 시원한 물로 샤워를 하고 나니 ____________________.

수평선 horizon

연 습 3 공통적으로 사용될 수 있는 단어를 사용하여 문장을 완성해 보세요.

끝없이	수없이	말없이	밤낮없이	끊임없이

1) 그 두 사람은 그냥 ______________ 바라보기만 했다.
   회의가 끝나자 사람들은 ______________ 일어서서 나갔다.
   동생은 뭐가 그리 기분이 좋은지 계속 ______________ 웃고 있다.

2) 아이들은 ______________ 질문하면서 많은 것을 배워 간다.
   세계화의 흐름 속에서 우리는 ______________ 자신을 개발해야 한다.
   요즘 입학 원서 접수 기간이라서 문의 전화가 ______________ 걸려 온다.

3) 그 섬에서 ______________ 많은 보물*을 발견했다.
   밤하늘에는 작은 별들이 ______________ 반짝이고 있었다.
   한국의 대학 입학시험 방법은 ______________ 바뀌었다.

4) 수많은 개미들이 어디론가 ______________ 기어가고 있다.
   비행기가 하늘을 날자 ______________ 펼쳐진 바다가 보였다.
   마음이 울적한 날이면 차를 타고 ______________ 달리고 싶다.

5) ______________ 계속되는 공사장 소음 때문에 잠을 잘 수가 없다.
   장마철이 되자 ______________ 비가 내려서 맑은 하늘을 보기가 쉽지 않다.
   대표 선수가 되기 위해서 나는 잠도 줄이고 ______________ 훈련에 몰두했다*.

보물 treasure 몰두하다 to be absorbed/devoted

문법과 표현 Grammar and Expression

1. N(이)면 N, N(이)면 N

연습 1 대화를 완성해 보세요.

1) A : 그 사람이 그렇게 똑똑해요?
   B : 네, 지식이 풍부해서* ____________________________, 모르는 게 없어요. (역사 / 철학)

2) A : 그 카페가 요즘 인기가 많다면서요?
   B : 네, ____________________________, 다 좋아서 젊은 사람들에게 인기가 많은가 봐요. (분위기 / 커피 맛)

3) A : 그 회사가 대학생들이 취직하고 싶어 하는 최고의 회사로 꼽힌다*는데 이유가 뭘까요?
   B : ____________________________, 모든 조건이 다른 회사들보다 좋아서 그런 거 같아요. (급여* / 휴가)

4) A : 결혼하고 싶은데 아직 좋은 사람을 못 만났어요.
   B : 걱정 마세요. ____________________________, 부족한 게 없잖아요. 곧 좋은 사람이 생길 거예요. (성격 / 외모)

연습 2 [보기]와 같이 문장을 완성해 보세요.

[보기]

우리 형은 축구면 축구, 수영이면 수영, 못하는 운동이 없어요.

1)

제 친구는 ____________________________, 못하는 노래가 없어요.

지식이 풍부하다 to have abundant knowledge　꼽히다 to be considered　급여 wage

2) 

지우 씨는 ______________________________, 안 가 본 곳이 없어요.

3) 

제 동생은 ______________________________, 무슨 음식이든지 다 잘 먹어요.

4) 

우리 선생님은 ______________________________, 여러 가지 외국어를 할 줄 알아요.

2. V-는 김에

연 습 1 대화를 완성해 보세요.

1) A : 내일 부산으로 출장을 간다면서요?
   B : 네, ______________________ 바람도 좀 쐬고 맛있는 것도 좀 먹을까 해요.

2) A : 뮤지컬 표를 할인한다고 해서 예매할까 해.
   B : 그래? 나도 뮤지컬 보고 싶었는데 ______________________ 내 것도 좀 해 줘.

3) A : 아침을 안 먹어서 그런지 좀 출출하네.
   B : 지금 샌드위치를 만들려고 하는데 ______________________ 네 것도 만들어 줄게.

4) A : 우리 오늘 저녁에 만나지? 졸업하고 나서 우리가 다 모이는 게 처음일 거 같아.
   B : 맞아. 모이기도 힘든데 ______________________ 다음에 만날 약속을 정하는 게 어때?

연 습 2 [보기]와 같이 대화를 완성해 보세요.

[보기]
A : 웬 셔츠예요? 백화점 간다더니 제 것도 샀어요?
B : 네, 제 옷을 사는 김에 은주 씨 것도 샀어요.
(제 옷을 사다)

1) A : 과자만 굽는 줄 알았는데 빵도 만들었네요.
B : 네, ______________________________.
(과자를 굽다)

2) A : 머리를 염색했어요*?
B : 네, ______________________________.
(파마를 하다)

3) A : 여기 있던 셔츠를 세탁소에 맡겼어요?
B : 네, ______________________________.
(양복을 맡기다)

4) A : 서울로 돌아오는 기차표도 벌써 예매했어요?
B : 네, ______________________________.
(고향 가는 기차표를 사다)

연 습 3 [보기]와 같이 대화를 완성해 보세요.

[보기]
A : 어디에서 책을 빌려 왔어요?
B : 공부하러 도서관에 갔거든요. 간 김에 책도 빌려 왔어요.

1) A : 동아리 방에 가 볼 예정이에요?
B : 네, 오 년 만에 학교에 왔잖아요. ______________________________.

2) A : 우리 오랜만에 시내에 나왔는데 뭘 할까요?
B : 글쎄요. ______________________________.

3) A : 제주도에 출장 간다더니 멋진 사진을 많이 찍었네요.
B : 일 때문에 카메라를 가져갔거든요. ______________________________.

4) A : 벌써 친구들한테 청첩장을 줬어요?
B : 오늘 고등학교 동창회에서 친구들을 만났어요. ______________________________.

염색하다 to dye

3. V-느니 차라리

연 습 1 대화를 완성해 보세요.

1) A : 미국에 여행 가고 싶은데 돈이 모자라서 배를 타고 갈까 해요.
   B : ______________________________ 국내 여행을 가는 게 어때요?

2) A : 옆집 부부는 요즘도 매일 싸워요.
   B : ______________________________ 헤어지는 게 낫겠어요.

3) A : 누가 유리창을 깼는지 모른다고 엄마한테 거짓말을 할까?
   B : ______________________________ 사실대로 얘기하고 야단맞는 게 낫지.

4) A : 직장 상사한테 일을 못한다고 자꾸 무시당해서 속상해.
   B : ______________________________ 일을 그만두는 게 낫겠다.

연 습 2 그림을 보고 뭐라고 말했을지 이야기해 보세요.

1)

2)

3)

4)

4. N과/와 달리

연 습 1 그림을 보고 대화를 완성해 보세요.

1)

올해 작년

A : 올해도 여행 가는 사람이 많아요?

B : 뉴스에서 봤는데 ______________________________

______________________________________.

2)

대학교 고등학교

A : 대학교에 가면 뭐가 달라질까?

B : 선배들이 그러는데 대학교에 가면 ________________

______________________________________.

3)

개 다른 동물

A : 애완동물을 키우고 싶은데 어떤 동물을 키우면 좋을까요?

B : 개를 키우면 어때요? ________________________

______________________________________.

4)

이 화가 다른 화가

A : 이 그림은 뭔가 특별한 것 같아요.

B : 그럴 거예요. ______________________________

______________________________________.

연 습 2 그림을 보고 대화를 완성해 보세요.

1)

A : 그 식당이 그렇게 유명하다면서요? 가 봤어요?

B : 네, 지난주에 가 봤어요. 그런데 그 식당은 ____________

____.

(소문과 다르다)

2)

A : 요즘 이 영화가 그렇게 재미있다고 소문이 났던데요.

B : 네, 그래서 어제 친구들과 갔었어요. 그런데 영화가 _____

____.

(기대했던 것과 다르다)

3)

A : 소개팅 했던 남자를 어제 다시 만났다면서요? 처음에 정말 마음에 든다고 하더니 어땠어요?

B : 처음엔 정말 멋있는 줄 알았거든요. 그런데 ___________

____.

(첫인상과 다르다)

4)

A : 이번 방학에 독일에 여행 갔다 왔지요? 우리가 지난번에 갔던 성에 다시 가 봤어요?

B : 네, 5년 전에 거기에 갔을 때는 굉장히 크다고 생각했잖아요? 그런데 ______________________________

____.

(처음 갔을 때와 다르다)

표현 연습 Expression Practice

다음 표현의 뜻을 확인해 보고 친구와 같이 대화를 만들어 보세요.

변명할 때

~을 줄 몰랐어

A : 일찍 좀 오지. 30분이나 늦게 왔잖아.
B : 미안해. 길이 이렇게 막**힐 줄 몰랐어.**

같이 보기로 한 공연이 벌써 끝났을 때

A : 미리 좀 알아보지. 공연이 지난주에 끝났다고 하잖아.
B : ______________________________
______________________________.

~을걸 그랬어

A : 미안한데 난 생선에 알레르기가 있어서 생선은 잘 못 먹어.
B : 그래? 생선 말고 다른 음식을 준비**할걸 그랬다.**

산책 갔는데 친구가 걸을 수 없을 때

A : 미안한데 내가 다리를 삐어서 오래 걸을 수가 없어.
B : ______________________________
______________________________.

~을 줄 누가 알았겠어?

A : 여권을 주머니에 넣을걸 그랬다.
B : 글쎄 말이야. 가방을 잃어버**릴 줄 누가 알았겠어**?

등산하는데 갑자기 비가 올 때

A : 등산을 오지 말걸 그랬어. 비가 와서 위험하다.
B : ______________________________
______________________________.

~을 수밖에 없었어

A : 공항에서 밤을 새웠다고?
B : 응. 비행기가 출발 못 해서 공항에서 기다**릴 수밖에 없었어.**

친구가 가고 싶어 해서 가 본 곳을 또 갔을 때

A : 지난번에 제주도에 갔는데 또 갔다고?
B : ______________________________
______________________________.

실망을 표현할 때

아쉽지만 할 수 없지, 뭐

A : 오늘은 갑자기 일이 생겨서 못 만나겠다. 다음에 만나자.

B : **아쉽지만 할 수 없지, 뭐.**

[연습]

① 바빠서 여행을 취소해야 한다

② 아파서 모임에 나갈 수가 없다

③ ______________________________

이게 뭐야

A : 이 근처에 식당이 있다고 했는데 왜 없지? 여기가 아닌가 봐.

B : **이게 뭐야.** 맛있는 거 먹겠다고 한 시간이나 왔는데 없단 말이야?

[연습]

① 만나려고 한 친구가 집에 없다

② 영화표가 매진이다

③ ______________________________

또 허탕이네

A : 벌써 빵이 다 팔렸대. 주말이라 손님들이 많았나 봐.

B : 오늘도 **또 허탕이네.** 시간이 일러서 남아 있을 줄 알았는데.

[연습]

① 식당에 자리가 없다

② 일요일이라 식당 문을 닫았다

③ ______________________________

정말 ~고 싶었는데

A : 미술관이 공사 중이래. 4월에 다시 문을 연다는데 어떡하지?

B : 유명한 그림이 있다고 해서 **정말 보고 싶었는데.** 아쉽다.

[연습]

① 그림엽서가 다 팔렸다.

② 미술관 안에서는 사진을 찍을 수 없다.

③ ______________________________

14 숫자의 세계

World of numbers

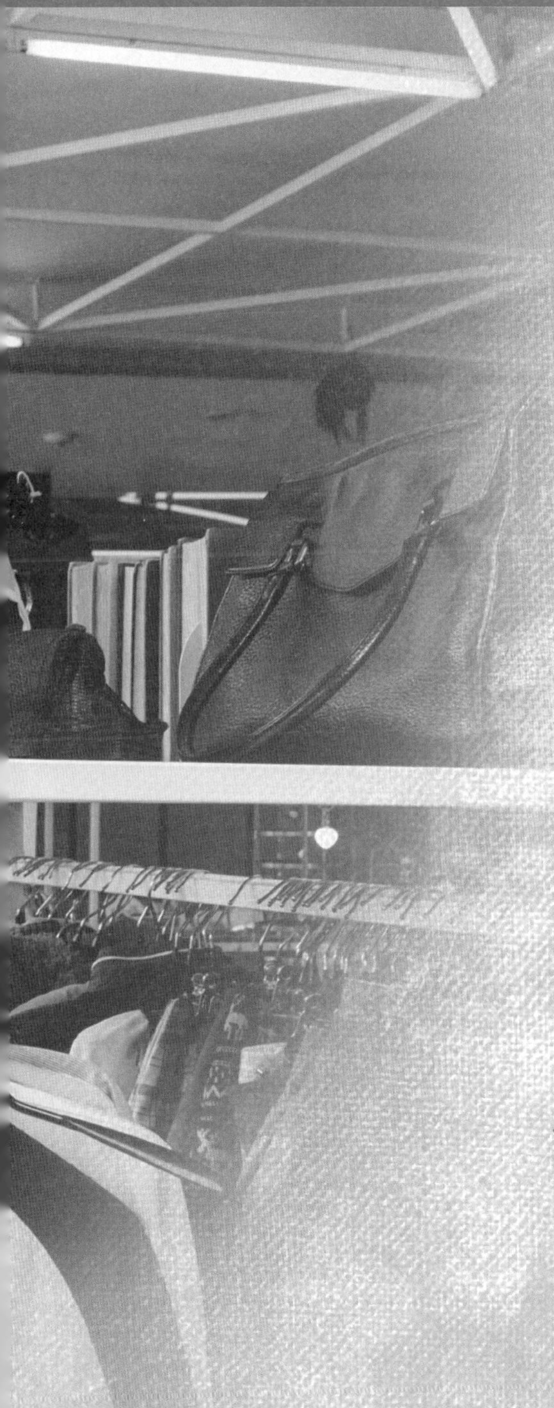

어 휘

- 조사 결과
  Survey results
- 수량 변화
  Quantitative changes
- –률/율

문법과 표현

- N에 따라(서)
- A–(으)ㄴ 데다(가),
  V–는 데다(가)
- A–(으)ㄴ 셈이다,
  V–는 셈이다
- N에 불과하다

표현 연습

- 문제 해결 방법 구하기
  Asking for way to resolve problems
- 새로 안 사실 표현하기
  Expressing that someting new has been learned

어 휘 Vocabulary

연 습 1 알맞은 표현을 사용하여 문장을 바꿔 보세요.

(~을 대상으로) 조사하다	(~는지에 대해) 질문하다
(~다는 대답이 ~을) 차지하다	(~다고) 응답하다
(~는 것으로) 나타나다	

1) 나이에 따라 좋아하는 색깔이 달라요.

나이에 따라 좋아하는 색깔에 차이가 있는 것으로 나타났다.

2) 20대에서 60대 성인 500명에게 물었어요.

____

____.

3) 무슨 색깔을 좋아하느냐고 질문했어요.

____

____.

4) 응답자의 30%는 흰색을 좋아한다고 했어요.

____

____.

5) 빨간색을 좋아한다는 대답이 절반 이상이었어요.

____

____.

연 습 2 알맞은 표현을 사용하여 문장을 바꿔 보세요.

늘어나다	줄어들다	오르다	내리다

1)

2)

3)

4)

연 습 3 알맞은 단어를 사용하여 대화를 완성해 보세요.

비율	확률	인상률	환율	경쟁률

1) A : 이번에 등록금이 많이 오른다면서요?
B : 네, ________________이 10%나 된다는 게 말이 돼요?

2) A : 우리나라 축구팀이 이번에 꼭 우승했으면 좋겠는데.
B : 신문에서 읽었는데 이번에 감독이 바뀌면서 우승할 ________________이 높아졌대.

3) A : 요즘은 초등학생들도 휴대폰을 많이 가지고 다니는 것 같아요.
B : 저도 뉴스에서 봤는데 휴대폰을 가지고 있는 초등학생들의 ________________이 점점 증가하고 있대요.

4) A : 면접에서 또 떨어지면 어쩌죠? 걱정이에요.
B : 이번에는 ________________이 그리 높지 않다니까 너무 걱정하지 말고 힘내세요.

5) A : 달러를 한국 돈으로 바꾸려고 하는데요.
B : 네, 손님. 오늘 ________________은 1달러에 1,210원입니다. 얼마를 바꿔 드릴까요?

문법과 표현 Grammar and Expression

1. N에 따라(서)

연 습 1 다음 표를 보고 문장을 완성해 보세요.

목적지	기차 종류	걸리는 시간	기차 요금	
			어른	어린이
대전	KTX	1시간	25,000원	12,500원
	새마을호	1시간 50분	20,000원	10,000원
부산	KTX	2시간 40분	60,000원	30,000원
	새마을호	5시간	50,000원	25,000원

*어린이는 만 12세 미만, 평일(월~목)은 10% 할인

[보기] 목적지에 따라 기차 요금이 달라요.

1) ____________에 따라 기차 요금이 차이가 나요.

2) ____________에 따라 기차 요금에 차이가 있어요.

3) ____________에 따라 걸리는 시간이 달라요.

4) ____________에 따라 걸리는 시간에 차이가 있어요.

연 습 2 그림을 보고 대화를 완성해 보세요.

[보기]

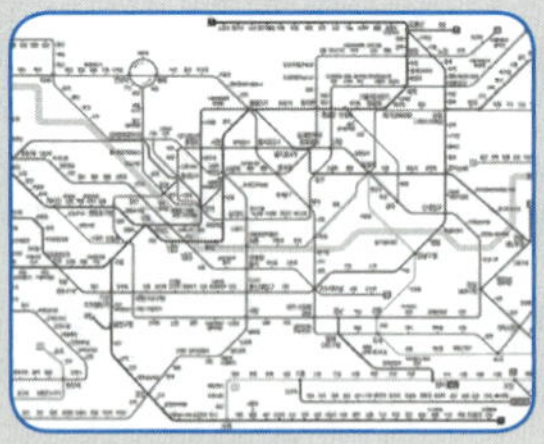

A : 서울 지하철 요금이 얼마인지 아세요?
B : 어디에 갈 건데요? 거리에 따라 요금이 다르거든요.

1)

A : 이 만두 모양이 특이하네요. 이런 만두 처음 봤어요.
B : 우리 고향에서는 만두를 이렇게 만들어요. ____________
____________.

2) 

A : 아르바이트를 하면 한 달에 얼마나 벌 수 있을까요?

B : 글쎄요. 월급은 ________________________.

3) 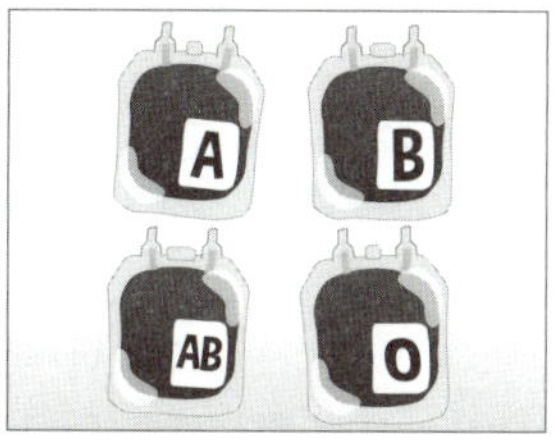

A : 저는 항상 좀 걱정이 많은 편이에요.

B : 혹시 혈액형이 A형이에요? ________________

________________.

4) 

A : 음악을 틀어 놓고 공부하면 시끄럽지 않아요?

B : 아니요, 전 음악이 있어야 공부가 잘되는데요.

________________________________.

연습 3 대화를 완성해 보세요.

1) A : 한 일주일 정도 여행을 가고 싶은데 비용이 얼마나 들까요?

B : 어디에 ________________________________.

2) A : 집집마다 김치 맛이 다 다르다면서요?

B : 네, 어떤 양념을 ________________________________.

3) A : 책상이 크기는 비슷한데 가격 차이가 크네요.

B : 어떤 나무로 ________________________________.

4) A : 그 식당은 사람이 많아서 식사하려면 오래 기다려야 한다고 들었는데 얼마나 기다려야 할까요?

B : ________________________________.

5) A : 전세로 살고 싶은데 돈이 얼마나 필요할까요?

B : ________________________________.

2. A-(으)ㄴ 데다(가), V-는 데다(가)

연 습 1 제시된 표현을 사용하여 대화를 완성해 보세요.

1) A : 밖에 날씨 어때요? 오랜만에 산책하러 나갈까 하는데 괜찮을까요?
   B : ______________________________서 힘들걸요.
   (날씨가 춥다 / 길이 얼었다)

2) A : 그 구두가 마음에 들었나 봐요.
   B : ______________________________서 살까 하고요.
   (발이 편하다 / 디자인도 세련되다)

3) A : 기운이 없어 보여요. 어디 아파요?
   B : ______________________________서 말할 힘도 없어요.
   (많이 걸었다 / 점심도 못 먹었다)

4) A : 친구를 만난다면서 이렇게 일찍 들어왔어요?
   B : ______________________________서 못 만났어요.
   (약속 시간에 늦었다 / 친구와 길이 엇갈렸다*)

연 습 2 그림을 보고 대화를 완성해 보세요.

1) 
   A : 히엔 씨가 한국어를 아주 잘한다면서요?
   B : 네, ______________________________서
   이번 시험에서도 일 등을 했어요.

2) 
   A : 알리 씨가 운동에 소질이 있다면서요?
   B : 네, ______________________________서
   경기가 있으면 모두 알리 씨와 한 팀이 되고 싶어 해요.

3) 
   A : 마리코 씨가 요리 동호회 활동을 열심히 하나 봐요.
   B : 네, ______________________________서
   동호회 사람들도 다 좋아한대요.

4) 
   A : 줄리앙 씨가 친구들 사이에서 인기가 많다면서요?
   B : 네, ______________________________서
   다른 나라 친구들도 다 좋아해요.

* (길이) 엇갈리다 to miss each other on the way

3. A-(으)ㄴ 셈이다, V-는 셈이다

연 습 1 알맞은 것을 골라 대화를 완성해 보세요.

1) A : 이 휴대폰이 다른 것보다 비싼 거 아니에요?
   B : 값은 비싸지만 매달 내는 전화 요금은 적으니까 오히려 ______________________.
   싸다 / 비싸다

2) A : 이번 수학여행은 학생들이 거의 다 가나요?
   B : 아픈 학생 1명만 빼고 다 가니까 다 ______________________.
   가다 / 안 가다

3) A : 논문은 다 썼어요?
   B : 네, 이제 결론만 남았으니까 다 ______________________.
   썼다 / 안 썼다

4) A : 오늘 점심값은 누가 냈어요?
   B : 내가 만 원 내고 나머지 7만 원을 모두 알리 씨가 냈어요. 점심값은 알리 씨가 다 ______________________.
   냈다 / 안 냈다

연 습 2 [보기]와 같이 이야기해 보세요.

> [보기] (8과, 9과, 10과, 11과, 12과…)
>
> 숙제를 다 했어요?
>
> 9과 빼고 다 했으니까 거의 다 한 셈이에요.

1) (봄, 여름, 가을, 겨울)
   여행을 자주 가세요? / ______________________

2) (여권, 비행기 표, 환전, 가방…)
   출장 갈 준비 다 했어요? / ______________________

3) (경복궁, 인사동, 명동, 남대문시장, 강남…)
   서울 구경을 다 했어요? / ______________________

4) (된장찌개, 갈비탕, 떡갈비, 낙지볶음)
   한국 음식을 거의 다 먹어 봤어요? / ______________________

4. N에 불과하다

연 습 1 [보기]와 같이 알맞은 단어를 골라 대화를 완성해 보세요.

[보기] A : 인생에서 가장 중요한 것은 돈이야.
B : 내 생각은 다른데. 돈은 <u>종잇조각</u>*에 불과해.
종잇조각 월급

1) A : 한국 친구들이 시간 있으면 같이 밥 먹자는 말을 자주 하는데 나는 한국말을 잘 못해서 부담스러워*. 어떡하지?
B : 너무 걱정하지 마. 그냥 ____________________에 불과할지도 몰라.
약속 인사말

2) A : 결혼하자고 프러포즈하면서 다이아몬드* 반지도 못 사 줘서 미안해.
B : 그런 말 하지 마. 다이아몬드가 뭐가 중요해? 다이아몬드는 ____________________에 불과할 뿐이야.
돌멩이 보석

3) A : 오늘 시험인데 미역국*을 끓였어? 미역국 먹고 떨어지면 어떡하지?
B : 쓸데없는 걱정이야. 그런 말은 ____________________에 불과해.
전통 미신

4) A : 여자 친구가 저를 너무 사랑해서 헤어지는 거라고 했어요. 그 말이 사실일까요?
B : 그런 말은 ____________________에 불과하니까 믿지 마세요.
소문 변명

연 습 2 알맞은 단어를 골라 문장을 완성해 보세요.

숫자	점수	환상*

1)

나이는 __________에 불과하다.

2)

시험 성적은 __________에 불과하다.

종잇조각 piece of paper 부담스럽다 to be burdensome 다이아몬드 diamond 미역국 Korean seaweed soup 환상 fantasy

3) 

사랑은 영원할 거라는 생각은 __________에 불과하다.

연 습 3 표를 보고 문장을 완성해 보세요.

▶일 년에 여행을 몇 번 갑니까?

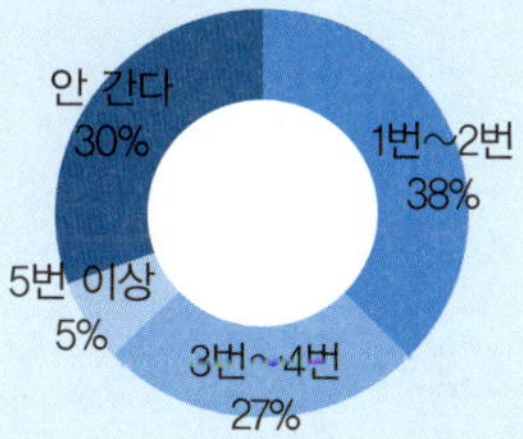

1번~2번 38%
3번~4번 27%
5번 이상 5%
안 간다 30%

1) 여행을 몇 번 가는지에 대한 조사에서 일 년에 여행을 한두 번 간다고 대답한 사람은 38%를 차지한 데에 반해 ______________________________에 불과했다.

▶아침에 무엇을 먹습니까?

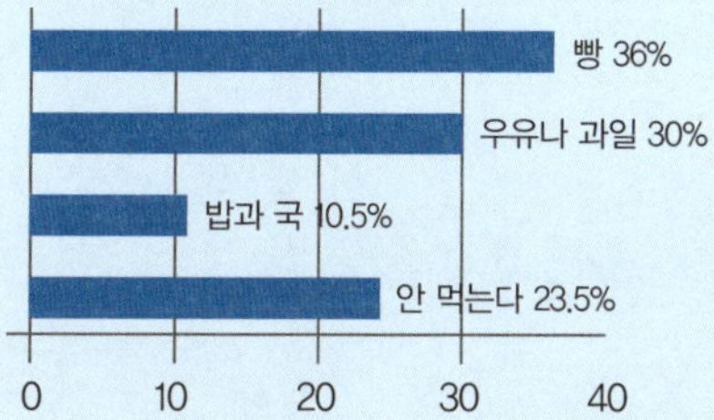

빵 36%
우유나 과일 30%
밥과 국 10.5%
안 먹는다 23.5%

2) 아침에 무엇을 먹는지에 대한 조사 결과를 보면 아침에 빵을 먹는다고 응답한 사람은 36%인 데에 반해 ______________________________에 불과했다.

▶여가 생활에 만족하십니까?

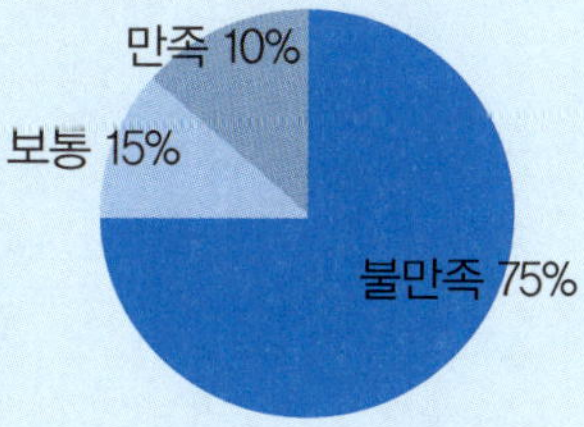

불만족 75%
보통 15%
만족 10%

3) 여가 생활에 만족하는지에 대한 조사에서 불만족스럽다는 대답이 75%를 차지했으나 ____ ______________________________에 불과한 것으로 나타났다.

표현 연습 Expression Practice

다음 표현의 뜻을 확인해 보고 친구와 같이 대화를 만들어 보세요.

문제 해결 방법을 구할 때

왜 그럴까요?

A : 컴퓨터가 안 켜지네요. **왜 그럴까요?**
B : 한번 껐다가 켜 보세요.

강아지가 밥을 안 먹을 때

A : ______________________________
______________________________.
B : 감기에 걸린 거 아닐까요?

도대체 뭐가 문제일까요?

A : 수영을 배우는데 앞으로 나갈 수가 없어요. **도대체 뭐가 문제일까요?**
B : 발차기할 때 자세가 문제인 것 같아요.

핸드폰이 자꾸 꺼질 때

A : ______________________________
______________________________.
B : 수리를 맡기는 게 좋을 것 같아요.

좋은 방법이 없을까요?

A : 청바지에 구멍이 났는데 버리기 아까워요. **좋은 방법이 없을까요?**
B : 청바지로 가방을 만들면 어떨까요?

친구가 화를 안 풀 때

A : ______________________________
______________________________.
B : 친구에게 편지를 써 보세요.

어떻게 해야 하죠?

A : 아이가 약이 쓰다고 먹기 싫어해요. **어떻게 해야 하죠?**
B : 사탕이랑 같이 먹어 보세요.

돈을 모으고 싶을 때

A : ______________________________
______________________________.
B : 저에게 좋은 경제 책이 있는데 빌려줄게요. 한번 읽어 보세요.

새로운 사실을 알았을 때

~는 대로 해 볼게요

A : 매일 한 시간씩 걸으면 건강해질 거야.
B : 네가 말**한 대로 해 볼게.**

듣기 실력이 안 좋을 때

A : 매일 한 시간씩 드라마를 보면 듣기 실력이 좋아질 거야.
B : ________________________________
________________________________.

그러면 되겠네요

A : 안 입는 옷은 아름다운가게에 기부하세요.
B : **그러면 되겠네요.**

여러 명이 움직일 때

A : 여러 명이 가까운 거리를 갈 때는 버스보다 택시를 타는 것이 더 싸니까 택시를 타고 가요.
B : ________________________________.

그런 게 있는 줄 몰랐어요

A : 룸메이트를 구하고 싶으면 학교 게시판에 안내문을 붙여 보세요.
B : **그런 게 있는 줄 몰랐어요.**

관광 정보가 필요할 때

A : 관광 정보를 알고 싶을 땐 1330으로 전화해서 물어보면 돼요.
B : ________________________________
________________________________.

그런 방법이 있었네요

A : 쿠키 만들기 어려우면 쿠키 믹스를 사서 만들면 돼요.
B : **그런 방법이 있었네요.**

흰옷을 빨래할 때

A : 흰옷 빨래를 깨끗하게 하고 싶으면 쌀 씻은 물로 빨아 보세요.
B : ________________________________
________________________________.

15 동물과 식물

Animals and plants

어 휘

- 동식물 관련 어휘
  Animal and plant words
- 동식물 키우기의 장단점
  Good and bad points of raising animals and plants
- –심

문법과 표현

- N만 못하다
- V–(으)ㄹ 게 아니라
- N(으)로서
- A/V–(으)므로

표현 연습

- 자기 의견 강조하기
  Emphasizing one's point of view
- 상대방의 의견에 반대하기
  Disagreeing with another's point of view

어 휘 Vocabulary

연 습 1 알맞은 단어를 사용하여 대화를 완성해 보세요.

번식하다	진화하다	멸종되다	훈련시키다	학대하다

1) 
사막여우

A : 이 여우는 귀가 참 크네요.
B : 그렇죠? 사막여우라는 동물인데 더운 사막 생활에 적응할 수 있도록 ____________ 거예요. 큰 귀가 더운 열을 식혀* 주는 거죠.

2) 
돌고래

A : 돌고래가 점프하는 것 좀 봐. 정말 멋지다. 그런데 저렇게 하도록 가르치기 힘들 것 같아.
B : 돌고래는 머리가 좋은 편이라 다른 동물보다는 ____________ 기가 어렵지 않대.

3) 
코뿔소

A : 세계적으로 코뿔소 수가 크게 줄어들고 있대요. 사람들이 코뿔소 뿔*을 가져가려고 함부로 사냥을 해서 그렇대요.
B : 이러다가 코뿔소가 완전히 ____________면 어떡하죠?

4) 
황소개구리

A : 황소개구리가 우리나라 환경을 파괴하고 있대요. 물고기, 새, 곤충* 등을 모두 먹는 데다가 암컷*이 1년에 2만 개 이상 알을 낳는대요*.
B : 정말 빠르게 ____________는군요. 큰일이네요.

5) 
나무

A : 우리 이 나무에 이름을 새기자*. 너랑 내 이름하고 하트를 넣으면 정말 예쁠 거야.
B : 그렇게 하면 나무가 얼마나 아프겠어. 그건 나무를 _________는 행동인 것 같아.

연 습 2 알맞은 표현을 사용하여 문장을 완성해 보세요.

외로움을 달래다	정서적으로 안정되다	관리가 힘들다
(물 주기가) 번거롭다	(집이) 지저분해지다	

열을 식히다 to cool heat　뿔 horn　곤충 insect　암컷 female　알을 낳다 to lay eggs　새기다 to carve

1) 어제 조카들이 우리 집에 놀러 왔어요. 그런데 여기저기 과자를 흘리고* 주스를 엎질러서* 청소하느라 정말 힘들었어요.

⇨ 조카들 때문에 ________________________________.

2) 일상생활에 지치고 힘들 때는 등산을 가요. 산에 올라가서 파란 하늘과 나무들을 보고 맑은 공기를 마시면 마음이 편안해지거든요.

⇨ 등산을 하면 ________________________________.

3) 얼마 전에 가죽으로 만든 가방을 하나 샀어요. 디자인이 예쁜 데다가 크기도 적당해서 마음에 들긴 하지만 비 오는 날에는 들고 다니기가 불편해요. 조금이라도 물이 묻으면* 가방이 망가지니까* 얼른 닦아 줘야 해요.

⇨ 새로 산 가방은 ________________________________.

4) 가족들과 멀리 떨어져 외국 생활을 오래 하다 보니 혼자라는 생각이 들면서 우울해*질 때가 많아요. 그럴 때 가족들과 같이 찍은 가족사진을 보면 기분이 나아져요.

⇨ 가족사진을 보면서 ________________________________.

5) 화분을 하나 선물받았는데 정말 귀찮아요. 매일 물을 줘야 해서 멀리 여행을 갈 때는 친구에게 항상 부탁해야 해요.

⇨ 이 화분은 ________________________________.

연 습 3 알맞은 단어를 사용하여 대화를 완성해 보세요.

경쟁심	동정심	인내심	애국심	호기심

1) A : 요즘 우리 아이가 너무 말썽을 부려서* 화를 참기가 힘들어요.
B : 그렇군요. 아이를 키울 때는 ____________이 많이 필요한 것 같아요.

2) A : 사람들이 왜 저렇게 많이 모여 있지? 무슨 일일까? 너무 궁금해.
B : 넌 진짜 ____________이 많다. 한번 가 보자.

3) A : 아까 오는 길에 어떤 아주머니가 불쌍한 고양이한테 화를 내고 욕하는 걸 봤어요.
B : 정말 ____________이 없는 사람이네요.

4) A : 제 동생은 시험에서 일 등을 못 하면 항상 속상해하면서 울어요.
B : 아이고, ____________이 강한 편이군요.

5) A : 외국에서 우리나라 노래를 듣거나 우리나라 제품을 발견하면 괜히 자랑스러워.
B : 외국에 나가면 자기 나라에 대한 ____________이 더 강해지는 거 같아.

흘리다 to drop　엎지르다 to spill　물이 묻다 to become wet　망가지다 to be ruined　우울하다 to be depressed　말썽을 부리다 to cause trouble

문법과 표현 Grammar and Expression

1. N만 못하다

연 습 1 표를 보고 문장을 완성해 보세요.

1)

지난달 수입	이번 달 수입
550만 원	480만 원

⇨ 이번 달은 손님이 별로 없어서 우리 가게의 수입이 ____________________요.

2)

형의 수학 점수	동생의 수학 점수
80점	90점

⇨ 역사 시험은 형이 동생보다 더 잘 봤는데 수학 점수는 형이 ____________________요.

3)

영화 '유령' 1편	영화 '유령' 2편
★★★★★	★★★☆☆

⇨ 영화 '유령' 1편의 인기에 힘입어* 2편이 개봉됐는데 2편이 ____________________다는 평이 많아요.

4)

시립 도서관 도서	국립 도서관 도서
약 700만 권	약 900만 권

⇨ 새로 지은 시립 도서관이 국립 도서관보다 시설은 낫지만 도서 수를 비교해 보면 ____________________요.

연 습 2 [보기]와 같이 대화를 완성해 보세요.

> [보기] A : 운동 부족이라서 수영을 시작할까 하는데 며칠이나 할 수 있을지 모르겠어요.
> B : 하다가 중간에 그만둘 거면 시작을 안 하는 것만 못해요. (안 하다)

1) A : 평소에는 화장을 전혀 안 하지만 오늘은 좀 신경 써서* 화장을 하고 갈까 해요.
B : 어색하게* 화장을 하는 건 ____________________. (안 하다)

2) A : 집안에 돈이 너무 많으면 자식들이 그것만 믿고 노력을 안 하는 경우도 있어요.
B : 돈도 지나치게 많으면 ____________________. (부족하다)

인기에 힘입다 to owe to popularity　신경 쓰다 to give thought　어색하다 to be awkward

3) A : 남해안 경치가 아름답다고 얘기만 듣다가 직접 가 보니까 말로 표현할 수 없을 정도로 환상적이던데요.

B : 맞아요. 백 번 듣는 게 ______________________다는 말도 있잖아요. (한 번 보다)

4) A : 그 친구는 모든 방면*에 뛰어나다 보니 다른 친구들이 같이 어울리는 것을 부담스러워 하더라고요.

B : 너무 잘하는 게 ______________________ 때도 있지요. (모자라다)

5) A : 제 친구가 생일 선물을 주면서 마음에 드느냐고 해서 솔직하게 별로라고 이야기했더니 친구가 화를 냈어요.

B : 그런 솔직한 대답은 ______________________다고 봐요. (거짓말을 하다)

2. V-(으)ㄹ 게 아니라

연 습 1 [보기]와 같이 대화를 완성해 보세요.

> [보기] A : 머리가 너무 아파서 약을 먹어야겠어.
> B : 그렇게 <u>약만 먹을 게 아니라 병원에 가서 진찰을 받아 보는 게 어때</u>?
> (약만 먹다 / 병원에 가서 진찰을 받다)

1) A : 배고픈데 밥 먹으러 나갈까?

B : 매일 ______________________________________?

(외식만 하다 / 집에서 만들어 먹다)

2) A : 이 구두 예쁜데 그냥 살까?

B : 그렇게 ______________________________________?

(충동구매*를 하다 / 꼭 필요한지 생각해 보고 사다)

3) A : 방이 엉망이야. 룸메이트가 키우는 고양이 때문에 못 살겠어.

B : 그렇게 ______________________________________?

(불평만 하다* / 같이 진지하게 얘기를 하다)

4) A : 이제 공부를 시작해야지. 과학 먼저 할까?

B : 공부를 ______________________________________?

(무작정* 시작하다 / 계획을 세워서 하다)

5) A : 회사 면접 결과가 오늘 나온다고 했는데 왜 아무 연락이 없을까?

B : 이렇게 앉아서 ______________________________________?

(계속 기다리다 / 회사에 전화해 보다)

방면 field; area 충동구매 impulse purchase 불평하다 to complain 무작정 blindly; without thought

연 습 2 그림을 보고 문장을 완성해 보세요.

억지로* 참다

잠깐 눈을 붙이다*

1) 아주 졸릴 때에는 ______________________________는 게 낫다.

해결해 주려고 하다

맞장구쳐 주다*

2) 여자 친구가 화가 났을 때는 ______________________________는 게 낫다.

물만 주다

햇빛이 충분한지 살피다*

3) 화초*가 잘 안 자라면 ______________________________야 한다.

자기 나라 문화만 고집하다*

차이를 인정하다

4) 다른 나라 문화를 잘 이해하려면 ______________________________야 한다.

억지로 unwillingly　눈을 붙이다 to close one's eyes/take a nap　맞장구치다 to respond agreeably　살피다 to examine　화초 flowering plant　고집하다 to insist

3. N(으)로서

연 습 1 다음 문장을 알맞게 바꿔 보세요.

1) 우리 집안의 가장이다. 그래서 책임이 무겁다*.

⇨ ______________________ 책임이 무겁다.

2) 너의 친구이다. 그래서 이 상황에 대해 충고*를 안 할 수 없다.

⇨ ________________ 이 상황에 대해 충고를 안 할 수 없다.

3) 의사이다. 그래서 환자의 목숨을 살리는* 일에 최선을 다하고 있다.

⇨ ________________ 환자의 목숨을 살리는 일에 최선을 다하고 있다.

4) 그 가수의 팬이다. 그래서 그 가수를 욕하는 것을 그냥 두고 볼 수 없다.

⇨ ________________ 그 가수를 욕하는 것을 그냥 두고 볼 수 없다.

5) 이 나라의 국민이다. 그래서 우리나라에 어려운 일이 생겼을 때 발 벗고 나서서* 도와야 한다.

⇨ ________________ 우리나라에 어려운 일이 생겼을 때 발 벗고 나서서 도와야 한다.

연 습 2 알맞은 단어를 사용하여 글을 완성해 보세요.

곤충	조류*	나무	화초

1) 

소나무는 한국, 일본, 중국 북동부에서 잘 자라는 __________ 모래땅이든 진흙땅*이든 어디에서나 잘 자란다. 나무가 단단하고* 잘 썩지 않아서 건물을 지을 때 많이 사용한다.

2) 

잠자리는 깨끗한 물 가까이에 사는 __________ 작은 벌레를 잡아먹고 산다. 눈이 좋아서 먹이를 가만히 보다가 긴 다리로 재빨리* 집아먹는다.

책임이 무겁다 to have heavy responsibility 충고 advice 목숨을 살리다 to save a life 발 벗고 나서다 to roll up one's sleeves 조류 birds 진흙땅 mud 단단하다 to be solid 재빨리 very quickly

3) 

튤립은 가을에 심어 다음 해 4월에 꽃이 피는 __________ 노랑, 빨강, 보라 등의 꽃을 피운다. 햇빛이 잘 드는* 곳에서 키우면 예쁘고 건강한 꽃을 볼 수 있다.

4) 

앵무새는 보통 열대 지방*에 사는 __________ 여러 종류가 있다. 몸 색깔이 예쁘고 사람의 말을 잘 따라 해서 애완동물로 인기가 많다.

4. A/V-(으)므로

연 습 1 바르게 연결하고 글을 만들어 보세요.

주말에는 사람이 많이 몰린다*. •	• 이용하는 데 불편함이 없다.
여러 가지 편의 시설이 잘되어 있다. •	• 평일에 방문하는 것이 좋다.
다양한 할인 혜택*을 준다. •	• 날씨에 크게 영향을 받지 않는다.
실내외 다양한 체험 활동이 준비되어 있다. •	• 저렴한 비용으로 이용할 수 있다.

서울 놀이공원은

1) ____
____.

2) ____
____.

3) ____
____.

4) ____
____.

햇빛이 잘 들다 to have good sunlight 열대 지방 the tropics 몰리다 to flock 혜택 benefit

연 습 2 그림을 보고 주의 사항을 이야기해 보세요.

1) 

선인장은 물을 너무 자주 주면 죽어요.

선인장은 물을 너무 자주 주면 죽으므로 한 달에 한 번만 물을 줘야 한다.

2) 

포도는 강아지 건강에 안 좋아요.

3) 

이 꽃이 잘 자라려면 햇빛이 필요해요.

4) 

곰한테 아무거나 먹이면 배탈이 날 수 있어요.

표현 연습 Expression Practice

다음 표현의 뜻을 확인해 보고 친구와 같이 대화를 만들어 보세요.

자신의 의견을 강조할 때

~의 입장에서 생각해 보십시오

지하철 요금을 갑자기 20% 인상한다는 것은 말이 안 됩니다. 매일 지하철을 타고 다니는 사람**의 입장에서 생각해 보십시오**.

[연습]

① 표가 안 팔린다고 해서 반값에 파는 것은 말이 안 된다. 한 달 전에 미리 표를 예매한 사람도 있다.

② 카페에 강아지를 데리고 들어오게 해서는 안 된다. 강아지 털 알레르기가 있는 사람도 있다.

얼마나 ~는지 생각해 본 적이 있습니까?

다리가 불편한 사람들이 버스를 탈 때 **얼마나** 힘든**지 생각해 본 적이 있습니까?**

[연습]

① 채식주의자들이 한국 식당에서 밥을 먹기가 얼마나 어려운지 모른다.

② 식물이 사람들에게 얼마나 많은 도움을 주고 있는지 모른다.

~부터 생각해야 하는 것 아닙니까?

동물원을 더 짓자는 주장을 하기 전에 동물들의 권리**부터 생각해야 하는 것 아닙니까?**

[연습]

① 아이들의 잘못을 말하기 전에 어른의 책임에 대해 생각해야 한다.

② 보기에 아름답다고 평가하기 전에 실용성을 생각해야 한다.

상대방의 의견에 강하게 반대할 때

그렇게 쉽게 생각할 문제가 아닙니다

A : 두 사람이 서로 사랑한다면 결혼할 수 있는 것 아닙니까? 왜 꼭 가족들의 동의가 필요합니까?

B : **그렇게 쉽게 생각할 문제가 아닙니다.**

멧돼지 사냥에 대해

A : 산에서 내려오는 멧돼지 때문에 마을 주민들이 피해를 입고 있습니다. 멧돼지 사냥을 허가해 주십시오.

B : ______________________________.

저는 그렇게 생각하지 않습니다

A : 심각한 범죄를 예방하기 위해 사형 제도가 꼭 필요하다고 생각합니다.

B : **저는 그렇게 생각하지 않습니다.**

애완동물 신고제에 대해

A : 애완동물을 모두 국가에 신고해야 한다는 주장은 현실에 맞지 않습니다.

B : ______________________________.

그것은 근본적인 해결 방법이 아닙니다

A : 늘어나는 쓰레기를 줄이기 위해서는 쓰레기 처리에 관련된 세금을 더 올려야 한다고 생각합니다.

B : **그것은 근본적인 해결 방법이 아닙니다.**

학교 폭력 예방을 위해

A : 학교 폭력을 예방하기 위해서는 한 학기에 한 번씩 전체 학생들을 대상으로 교육을 실시해야 합니다.

B : ______________________________.

복습 5

어휘와 문법 Vocabulary and Grammar

정리하기

어휘

13과	끝없이 펼쳐지다 줄지어 서 있다 꽃으로 가득하다 빨갛게 물들다 바람에 날리다	가슴이 뻥 뚫리다 기분이 상쾌해지다 머리가 맑아지다 마음이 차분해지다	끝없이 수없이 말없이 밤낮없이 끊임없이
14과	(~을 대상으로) 조사하다 (~는지에 대해) 질문하다 (~다는 대답이 ~을) 차지하다 (~다고) 응답하다 (~는 것으로) 나타나다	증가하다 감소하다 인상되다 인하되다 늘어나다 줄어들다 오르다 내리다	비율 확률 인상률 환율 경쟁률
15과	번식하다 진화하다 멸종되다 훈련시키다 학대하다	외로움을 달래다 정서적으로 안정되다 관리가 힘들다 (물 주기가) 번거롭다 (집이) 지저분해지다	경쟁심 동정심 인내심 애국심 호기심

문법

13과	N(이)면 N, N(이)면 N	알리 씨는 공부**면** 공부, 운동**이면** 운동, 못하는 게 없어요.
	V–는 김에	민수야, 방 청소하**는 김에** 책상 정리도 좀 해.
	V–느니 차라리	막히는 시간에 택시를 타**느니 차라리** 걸어가는 게 낫겠다.
	N과/와 달리	다른 지역**과 달리** 이 지역에서는 휴대폰이 잘 안 된다.
14과	N에 따라(서)	서울은 지역**에 따라서** 집값에 차이가 있어요.
	A–(으)ㄴ 데다(가) V–는 데다(가)	미영 씨는 성격이 쾌활**한 데다가** 친절해서 친구들이 다 좋아해요.
	A–(으)ㄴ 셈이다 V–는 셈이다	이번 수학여행은 우리 반에서 한 명 빼고 다 가니까 거의 다 가**는 셈이다**.
	N에 불과하다	인터넷에 돌아다니는 이야기는 소문**에 불과하니까** 믿지 않는 것이 좋다.
15과	N만 못하다	기숙사에서 여러 명이 같이 생활하니까 혼자 살 때**만 못해요**.
	V–(으)ㄹ 게 아니라	피곤하다고 잠만 **잘 게 아니라** 나가서 운동을 좀 하세요.
	N(으)로서	동생이 옳지 않은 판단을 할 때는 언니**로서** 조언을 해 줄 필요가 있다.
	A/V–(으)므로	이 영화는 무서운 장면이 많이 나오**므로** 노약자나 임신부는 보지 않는 것이 좋다.

연습하기

1. 빈칸에 공통적으로 들어가는 단어를 알맞게 써 보세요.

1) 눈앞에 끝없이 ____________ 바다를 보니까 마음이 상쾌해진다.
대학 졸업 후에 앞으로 ____________ 미래가 기대가 되기도 하고 두렵기도 하다.

2) 고향 친구들이 보고 싶을 때는 친구들의 사진이나 이메일을 읽으면서 외로움을 ____________.
우는 아이를 빨리 ____________려면 어떻게 해야 할까요?

3) 산에 올라가서 큰 소리로 외치고 나면 답답했던 가슴이 ____________ 것 같다.
휴가철이 되면 시내의 도로가 ____________서 운전하기 편하다.

4) 첫사랑 그녀의 머리카락이 바람에 ____________던 모습을 아직도 기억하고 있다.
어렸을 때 친구들과 종이비행기를 만들어 ____________면서 놀던 때가 그립다.

5) 엄마가 아기를 안으면 아기는 엄마의 심장 소리를 들으면서 정서적으로 ____________다고 한다.
전쟁이 끝난 후 모든 국민들의 노력으로 사회가 빠르게 ____________고 있다.

2. 다음 조사 결과에 대해 설명해 보세요.

청소년에게 아르바이트 경험이
필요하다고 생각합니까?

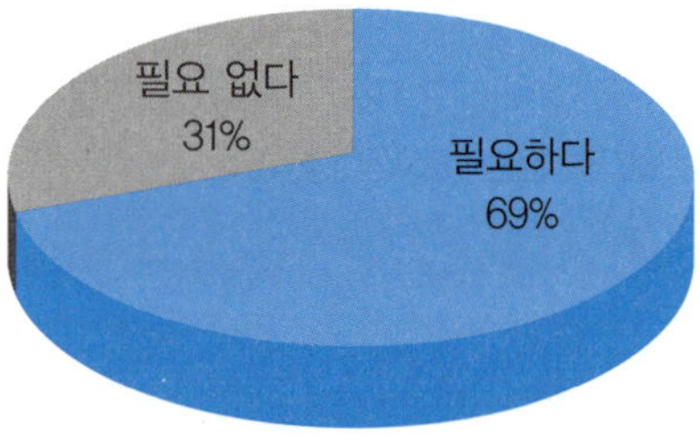

다음은 학생 100명과 성인 100명을 ____________ ____________ 결과입니다. ____________________ ____________________ ____________________ ____________________.

많은 사람들이 청소년이 아르바이트를 하는 것에 대해 긍정적으로 생각하____________________ ____________________.

3. 알맞은 것을 골라 문장을 완성해 보세요.

1) 겨울이 되어도 실내가 따뜻하기 때문에 모기들이 ______________고 있다고 한다.

번식하다 멸종되다

2) 스웨터를 따뜻한 물로 빨았더니 옷이 ______________서 못 입게 되었다.

늘어나다 줄어들다

3) 지난달부터 월급이 ______________지만 생활비가 부족해서 힘들다.

인상되다 인하되다

4) 컴퓨터와 인터넷의 발달로 손으로 글씨를 쓰는 사람 수가 ______________고 있다.

증가하다 감소하다

4. 다음에 들어갈 수 있는 단어를 써 보세요.

-없이	-율/률	-심
끝없이	환율	애국심

5. 다음 표현을 사용하여 질문에 대답해 보세요.

V-느니 차라리

• 죽기보다 하기 싫은 일이 무엇입니까?
• 하루라도 없어서는 안 되는 물건이 있습니까?

N과/와 달리

• 가족 중에 여러분과 가장 다른 사람은 누구입니까?
• 여러분의 첫인상 때문에 다른 사람에게 오해를 받은 적이 있습니까?

N에 따라(서)

• 여러분은 시간이 있을 때 무엇을 합니까?
• 다른 사람의 부탁을 잘 들어주는 편입니까?

A-(으)ㄴ 데다(가), V-는 데다(가)

• 여러분 나라 사람들의 특징을 이야기해 보세요.
• 여러분이 면접시험을 본다면 어떻게 자기소개를 하겠습니까?

N에 불과하다

• 요즘 음악 중에 시끄러운 소음에 불과하다고 느껴지는 음악이 있습니까?
• 여러분 나라에서 자주 하는 일 중에 미신에 불과하다고 생각하는 일이 있습니까?

N만 못하다

• 어떤 행동을 하는 사람을 보면 짐승만 못하다는 생각이 듭니까?
• 지금 생활하면서 어렸을 때만 못하다고 생각되는 점이 있습니까?

6. 다음 표현을 사용하여 〈읽고 쓰기〉의 내용에 대해 이야기해 보세요.

13과 여행의 즐거움 (주교재 p.98)

- 통영 여행이 좋은 이유는 무엇입니까?
- 통영의 볼거리로는 무엇이 있습니까?
- 통영에서 숙박은 어떻게 하는 것이 좋습니까?
- 통영에서 유명한 음식은 무엇이 있습니까? 그 음식에 대해 설명해 주세요.

이면, 이면	-느니 차라리	마음이 차분해지다
끝없이 펼쳐지다	수없이	줄지어 서 있다

14과 숫자의 세계 (주교재 p.118)

- 누구를 대상으로 무엇에 대해 조사를 했습니까?
- 조사 결과 대학생들이 하루 평균 취업 준비와 전공 공부에 사용하는 시간은 어느 정도입니까?
- 이러한 결과가 나온 원인은 무엇입니까?

-는 데다가	-는 셈이다	에 불과하다	조사하다	질문하다
차지하다	응답하다	나타나다	증가하다	경쟁률

15과 동물과 식물 (주교재 p.138)

- 도도새는 왜 날지 못하는 새가 되었습니까?
- 도도새는 왜 멸종되었습니까?
- 포루투갈인들은 왜 '도도'라는 이름을 붙였을까요?
- 이 사건으로 우리가 알 수 있는 사실은 무엇입니까?

-(으)므로	진화하다	멸종되다	위협하다	영향을 미치다

평가하기

제한 시간 10분 | 내 점수 : / 12

[1-3] (　　　　　)에 들어갈 가장 알맞은 것을 고르십시오.

1. 우리가 살면서 정말 마음에 맞는 사람을 만날 (　　　　　)은 얼마나 될까?
① 확률　② 비율
③ 환율　④ 경쟁률

2. (　　　　　) 많은 드라마들이 있지만 모두 내용이 비슷해서 별로 보고 싶지 않다.
① 끝없이　② 수없이
③ 말없이　④ 밤낮없이

3. 우리 집 강아지를 (　　　　　) 했지만 실패했다. 강아지가 머리가 나쁜 것 같다.
① 번식하기는　② 진화할 뻔
③ 멸종될까　④ 훈련시키려고

[4-6] 밑줄 친 부분과 의미가 비슷한 것을 고르십시오.

4. <u>혼자 여행을 가느니 차라리</u> 집에서 그냥 쉬는 게 낫다.
① 혼자 여행을 가려다가　② 혼자 여행을 갔더라면
③ 혼자 여행을 가는 것보다　④ 혼자 여행을 하는 데다가

5. 한국어를 배우러 <u>한국에 온 김에</u> 한국 요리도 배울까 한다.
① 한국에 왔으니까　② 한국에 온 기회에
③ 한국에 오더라도　④ 한국에 오기는커녕

6. 일 년 동안 열 번이나 출장을 갔으니까 한 달에 한 번씩 <u>간 셈이다</u>.
① 갈 수도 있다　② 갈 수밖에 없다
③ 갔을 리가 없다　④ 갔다고 할 수 있다

[7-10] 다음 (   )에 알맞은 것을 고르십시오.

7.

봄이 되면 사람들은 산이나 들로 꽃놀이를 간다. 나무 그늘 아래에 앉아서 (   ) 꽃잎을 보면서 이야기도 하고 준비해 간 음식도 먹으면서 즐거운 시간을 보낸다.

① 바람에 날리는　　② 줄지어 서 있는
③ 끝없이 펼쳐진　　④ 밤낮없이 가득한

8.

자기 나라를 떠나서 외국에서 생활하다 보면 힘들 때가 종종 있다. 그럴 때는 가족사진을 보기도 하고 고향 음식을 만들어 먹기도 하면서 (   ).

① 외로움을 달랜다　　② 머리가 맑아진다
③ 가슴이 뻥 뚫린다　　④ 정서적으로 안정된다

9.

어렸을 때 내가 열심히 만들어서 어머니께 선물한 종이꽃을 쓰레기통에서 찾은 적이 있었다. 진짜 꽃은 아니었지만 어머니를 생각하는 마음을 담아 만든 것이었는데 어머니는 (   ) 생각하신 것 같아서 속상했다.

① 종잇조각만 못하다고　　② 종잇조각인 셈이라고
③ 종잇조각에 불과하다고　　④ 종잇조각인 듯하다고

10.

요즘 외국 여행을 하는 사람들이 많아지고 있다. 외국에 가면 그 나라에 대한 지식이 부족해서 (   ) 미리 그 나라의 문화나 역사에 대해 공부해서 가는 것이 좋다.

① 실수하는 김에　　② 실수하느니 차라리
③ 실수하는 데다가　　④ 실수할 수 있으므로

[11] **다음은 잡지의 일부입니다. (　　　　　　　)에 알맞은 것을 고르십시오.**

건강에 대한 관심이 높아지면서 산세베리아를 키우는 사람들이 증가하고 있다. 산세베리아는 아프리카에서 많이 자라는 식물로서 집 안의 공기를 맑게 해 주어서 새집증후군을 없애는 데 효과가 있다. 산세베리아는 건조한 지역에서 자라므로 반년쯤 물을 주지 않아도 죽지 않기 때문에 (　　　　　　　) 식물을 못 키우는 사람들도 쉽게 키울 수 있다.

① 집이 지저분해져서　② 정서적으로 힘들어서
③ 물 주기가 번거로워서　④ 외로움을 달랠 수 없어서

[12] **다음은 광고의 일부입니다. (　　　　　　　)에 알맞은 것을 고르십시오.**

공정 여행이라는 말을 들어 보셨나요? 공정 여행은 환경을 보호하고 여행지의 문화를 존중하는 착한 여행입니다. 공정 여행을 하려면 좀 불편하더라도 현지인의 숙소와 음식을 이용하고 아무리 멋있어도 멸종 위기에 있는 동식물로 만든 기념품은 사지 않아야 합니다. 자기의 편리함과 즐거움만을 (　　　　　　　) 환경과 문화를 존중하는 공정 여행을 한번 해 보는 게 어떨까요?

① 생각하려다가　② 생각할 게 아니라
③ 생각하다 보면　④ 생각할 뿐만 아니라

발음 Pronunciation

1. 잘 들어 보세요. track 06

1. 갑자기 부엌 안에서 큰 소리가 들렸다.
2. 1.5리터짜리 우유를 사 오세요.
3. 그 다음으로 부산 지역의 사투리에 대해 말씀드리겠습니다.

2. 잘 듣고 발음과 끊어 읽기에 주의하여 읽어 보세요. track 07

1. 밤낮없이 나는 소음 때문에 잠을 잘 수가 없습니다.
2. 그 선수는 100m를 9.57초에 달렸어요.
3. 그런데 사람들 때문에 도도새의 삶에 위기가 찾아왔다.

3. 친구와 연습해 보세요. track 08

1. A : 그 사람 어떤 것 같아요? 마음에 들어요?
   B : 글쎄요. 첫인상은 나쁘지 않았는데 만날수록 저와 안 맞는 것 같아요.

2. A : 아시아에는 얼마나 많은 사람들이 살고 있을까요?
   B : 전 세계 인구의 $\frac{3}{5}$이 아시아에 살고 있대요.

3. 요즘에는 개에게 사람들이 입는 옷을 입히는 경우가 많습니다. 하지만 개의 입장에서 생각해 보면 아주 불편한 일일 수도 있습니다.

듣기 Listening

track 09 내 점수 : / 12

[1-2] 다음 대화를 잘 듣고 이어질 수 있는 말을 고르십시오.

1. ① 치약은 필요 없을 것 같아.
   ② 가는 김에 우유도 한 통 사다 줘.
   ③ 마트에 가면 필요한 건 다 팔 거야.
   ④ 치약이 다 떨어지고 해서 사 와야 해.

2. ① 그래, 산에 가는 게 더 좋겠다.
   ② 산에서는 쉬기는커녕 등산만 하게 되겠지.
   ③ 바다에 가면 가슴이 뻥 뚫리는 게 참 좋아.
   ④ 바다는 사람이 많아서 안 가는 것만 못하더라고.

[3] 다음 대화를 잘 듣고 여자가 이어서 할 행동으로 알맞은 것을 고르십시오.

① 비행기를 타러 공항에 간다.
② 유럽 여행에 대해 물어본다.
③ 숙소를 바꾸기 위해 전화한다.
④ 은행에 가서 환율을 알아본다.

[4-5] 다음을 듣고 내용과 일치하는 것을 고르십시오.

4. ① 남자는 새집이 전혀 마음에 들지 않는다.
   ② 남자는 새집증후군 때문에 고생하고 있다.
   ③ 여자는 머리가 아프면 맑은 공기를 마시러 간다.
   ④ 여자는 맑은 공기를 위해 식물을 기르기로 했다.

5. ① 여자는 다음 학기에 휴학할지도 모른다.
   ② 내년에 모든 대학교의 등록금이 20% 오른다.
   ③ 남자의 아르바이트 월급이 등록금만큼 올랐다.
   ④ 남자는 여자가 하는 말을 끝까지 믿지 않았다.

[6] 다음을 듣고 여자의 중심 생각을 고르십시오.

① 헬스장에 다니는 것은 운동에 도움이 안 된다.
② 꾸준히 운동을 하려면 자신의 의지가 필요하다.
③ 비싼 헬스장에 다닐 게 아니라 싼 곳에 가야 한다.
④ 소문이 많이 난 곳에 가 보면 실제로 좋지 않은 경우가 많다.

[7-8] 다음을 듣고 물음에 답하십시오.

7. 들은 내용으로 맞는 것을 고르십시오.
① 오늘 날씨는 약간 쌀쌀하다.
② 여자는 일기 예보를 하고 있다.
③ 여자는 벚꽃 향기로 봄을 느낀다.
④ 여자의 가족들은 봄이 되면 먹는 요리가 있다.

8. 쑥 된장국에 대한 설명으로 맞는 것을 고르십시오.
① 봄을 잘 느낄 수 있는 음식이다.
② 아침 식사로 먹기에는 부담이 된다.
③ 달콤한 요리라서 아이들도 좋아한다.
④ 요리 방법은 복잡하지만 재료가 간단하다.

[9-10] 다음을 듣고 물음에 답하십시오.

9. 뉴스의 주제를 고르십시오.
① 남성들은 인터넷 쇼핑을 좋아하지 않는다.
② 인터넷 쇼핑에서는 다양한 물건이 판매된다.
③ 여성들의 인터넷 쇼핑 비율이 증가하고 있다.
④ 인터넷 쇼핑 구매자는 꾸준히 늘어나고 있다.

10. 들은 내용으로 맞는 것을 고르십시오.

①
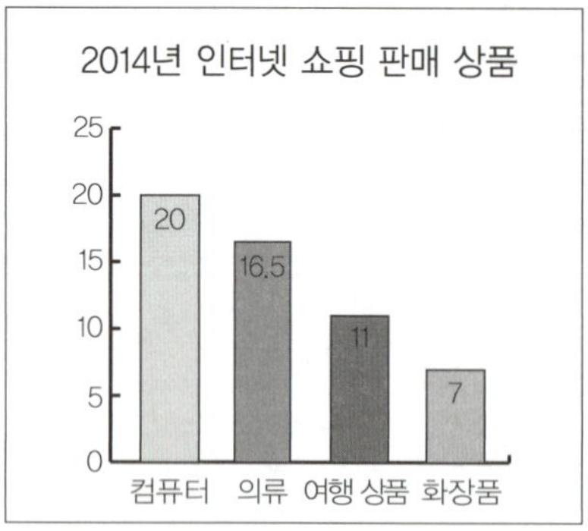

②
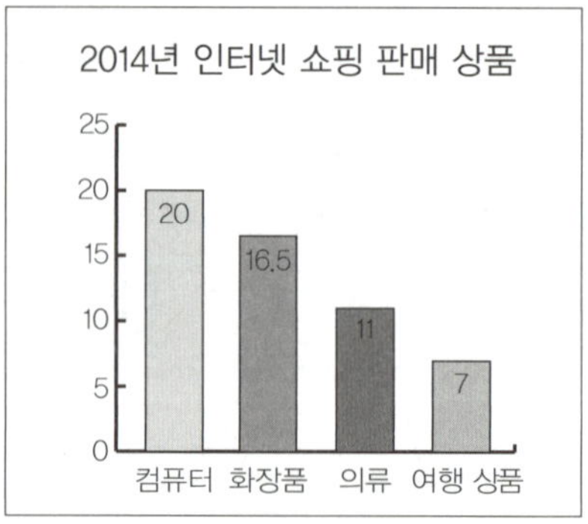

③
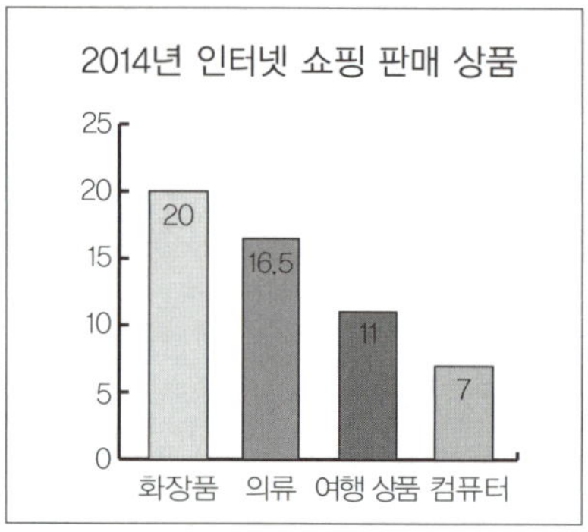

④
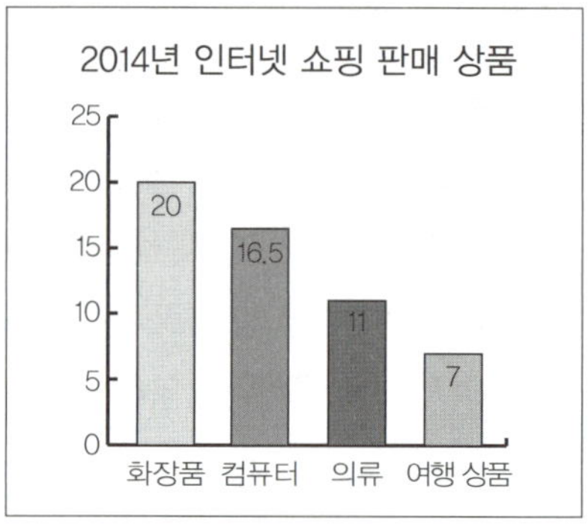

[11–12] 다음을 듣고 물음에 답하십시오.

11. 들은 내용으로 맞는 것을 고르십시오.
① 멸종된 동물이 다시 발견되었다.
② 인간은 동물 멸종에 책임이 없다.
③ 인간 때문에 멸종된 동식물이 있다.
④ 멸종된 동물을 다시 살리는 것은 불가능하다.

12. 프로젝트에 대한 남자의 생각으로 맞는 것을 고르십시오.
① 동물 보호 방법을 찾는 편이 낫다고 본다.
② 프로젝트를 위한 돈이 부족하다고 본다.
③ 모든 과학자는 여기에 찬성해야 한다고 본다.
④ 매우 흥미롭지만 성공 가능성이 적다고 본다.

읽기 Reading

제한 시간 20분 내 점수 : / 12

[1] 다음은 무엇에 대한 글인지 고르십시오.

공무원 730명 모집에 7만 명이 원서를 접수하다.

① 인상률 ② 경쟁률 ③ 애국심 ④ 호기심

[2] 다음 글의 내용과 같은 것을 고르십시오.

우리 문화유산을 보는 가장 소중한 눈!

60주 연속 베스트셀러!
인문학 도서 최초 백만 부 이상 판매!

"우리나라는 전 국토가 박물관이다."
미술사학자 유홍준 교수의 답사 여행기
여행에 새 바람을 불러일으키다!

나의 문화유산답사기 국내편 (1권~7권)
나의 문화유산답사기 일본편 (1권~2권) 판매 중

① 박물관을 안내하는 책이다.
② 일본편도 곧 나올 예정이다.
③ 독자들로부터 좋은 반응을 얻고 있다.
④ 여행을 안내해 주는 프로그램 소개이다.

[3] **다음은 신문 기사의 제목입니다. 가장 잘 설명한 것을 고르십시오.**

올해 여성 취업률 작년만 못해

① 작년에는 여성들이 취업을 못 했다.
② 작년보다 올해 여성 취업률이 낮다.
③ 올해 여성 취업률이 작년보다 높다.
④ 작년에는 여성들이 취업을 하기 쉬웠다.

[4] **다음을 순서대로 맞게 나열한 것을 고르십시오.**

(가) 인간은 다른 동물과 달리 언어를 사용할 줄 안다.
(나) 그러므로 인간을 이해하기 위해서는 언어를 이해할 필요가 있다.
(다) 즉 언어를 사용하는 것이야말로 인간이 다른 동물과 구별되는 특징이다.
(라) 언어를 이해하는 일이 곧 인간에 대한 이해를 넓히는 일이기 때문이다.

① (가)-(다)-(나)-(라)　　② (가)-(다)-(라)-(나)
③ (라)-(가)-(나)-(다)　　④ (라)-(나)-(가)-(다)

[5-6] **다음을 읽고 (　　　　　　)에 들어갈 내용으로 가장 알맞은 것을 고르십시오.**

5.

모든 과학자들이 조류와 공룡 사이에 관련성이 있다고 동의하는 것은 아니나 많은 과학자들이 (　　　　　　　　　)고 확신한다. 공룡의 한 종류인 드로마에오사우루스는 발목을 이용해 발을 안쪽으로 접을 수 있고 조류인 새도 날개를 펼 때 안쪽으로 날개를 접을 수 있다. 또 공룡의 화석을 살펴보면 오늘날의 조류와 같이 몸이 깃털로 덮여 있는 것을 볼 수 있다. 이러한 공통점 때문에 조류가 공룡의 후손이라고 말하는 것이다.

① 조류는 공룡과 다르다
② 조류가 공룡에서 진화했다
③ 공룡이 조류 때문에 멸종됐다
④ 조류와 달리 공룡이 날 수 없다

6.

원-달러 환율이 13개월 만에 1,100원 아래로 내려갔다. 25일 서울 외환 시장에서 미국 달러에 대한 원화 환율은 전날보다 5.4원(0.49%) 떨어진 1,098.2원으로 정해졌다. 원 -달러 환율이 (   ) 지난해 9월 9일 이후 처음이다. 외환 시장 관계자들은 원-달러 하락세가 당분간 계속 지속되면서 내년에는 1,050원 아래까지 내려갈 가능성이 있다고 전망하고 있다.

① 5.4원으로 인하된 것은
② 1,050원으로 인상된 것은
③ 1,098.2원으로 올라간 것은
④ 1,100원 아래로 떨어진 것은

[7] 다음 글에서 [보기]의 문장이 들어가기에 가장 알맞은 곳을 고르십시오.

물고기들은 무리를 지어 이동하는 일이 많다. 그 이유는 무엇일까? 첫째 잡아먹힐 확률이 낮아지기 때문이다. (㉠) 혼자 행동하면 적에게 잡아먹힐 가능성이 크지만 같이 행동하면 잡힐 확률이 낮아진다. (㉡) 둘째 번식할 때 무리 안에서 쉽게 상대방을 찾을 수 있기 때문이다. (㉢) 반면에 무리를 지어 다니지 않는 경우도 있다. (㉣) 먹이를 발견했을 때 혼자 차지하기 어려운 상황이 되면 무리를 떠나기도 한다.

[보기] 암수가 같이 섞여 있기 때문에 번식 상대를 찾으러 굳이 돌아다니지 않아도 된다.

① ㉠ ② ㉡ ③ ㉢ ④ ㉣

[8] **다음 글의 주제로 가장 알맞은 것을 고르십시오.**

사람들은 '다르다'고 말해야 하는 경우에 '틀리다'고 말하는 경우가 많은데 이것은 '다른 것은 틀린 것이다'라는 논리가 우리 머릿속에 들어 있기 때문이다. 자신과 다른 생각을 받아들이지 못하므로 '틀린 것'이라고 부정해 버리는 것이다. 이것은 아직도 우리 사회가 다른 문화에 익숙하지 않다는 것을 보여 준다. '다르다'와 '틀리다'를 구별하여 쓰는 습관을 가져서 다른 사람과의 '차이'를 인정하는 문화를 만들어 가야 할 것이다.

① 서로 다른 것은 항상 틀린 것이다.
② '틀리다'라는 단어를 사용해서는 안 된다.
③ 문화에 따라 생각에 차이가 있다는 것을 인정해야 한다.
④ 틀린 생각에 대해 무시할 게 아니라 관심을 가져야 한다.

[9–10] **다음을 읽고 물음에 답하십시오.**

이 그림은 워싱턴 내셔널 갤러리에 전시되어 있는 '산책'이라는 작품입니다. 모네는 1875년에 아내 카미유를 모델로 이 그림을 그렸다고 합니다. 하얀 옷을 입고 산책을 나온 카미유가 양산을 쓰고 언덕 위에 서 있습니다. 옷자락이 바람에 날리고 끝없이 펼쳐진 하늘 위로 하얀 구름이 보입니다. 모네는 밝은 햇살 아래 하늘과 바람과 여인이 하나가 되는 아름다운 풍경을 그리고 있습니다. 하늘이 파랗고 하얀 빛으로 표현된 데다가 여자의 옷 색깔도 같은 색으로 표현하여 밝고 따뜻한 분위기가 느껴집니다.

이 그림을 통해 알 수 있듯이 모네는 (   ) 평범한 생활 속의 일상을 생동감 있게 표현한 화가입니다.

9. 이 글의 내용과 같은 것을 고르십시오.
   ① 모네는 평범한 일상을 아름답게 표현했다.
   ② 모네는 이 그림을 워싱턴에서 그렸다고 한다.
   ③ 모네는 유명한 모델을 보고 이 그림을 그렸다.
   ④ 이 그림은 비 오는 날의 우울한 모습을 그린 그림이다.

10. (   )에 들어갈 내용으로 알맞은 것을 고르십시오.
   ① 밝은 빛을 사용하여
   ② 서로 다른 색을 사용하여
   ③ 한 가지 색깔로만 그림을 그려
   ④ 다양한 날씨를 그림으로 그려

[11-12] 다음을 읽고 물음에 답하십시오.

결혼을 앞둔 신혼부부들은 둘만의 아름다운 시간을 만들기 위한 신혼여행 장소로 하와이를 선호한다는 조사 결과가 나왔다. 한 여행사가 예비 신혼부부를 대상으로 신혼여행을 어디로 갈 것인지에 대해 설문 조사를 한 결과 35%가 하와이라고 대답하여 1위를 차지했다. 2위는 24%가 선택한 발리였고 이어서 푸켓(17%), 몰디브(13%) 순으로 나타났다. 하지만 국내로 신혼여행을 가겠다는 응답은 5%에 불과했다. 10년 전 국내로 가겠다는 응답이 23%였던 것에 비하면 계속 감소하는 추세인 것을 알 수 있다.

또한 신혼부부들은 (   )에 대한 질문에서 예산이라는 응답이 45%로 가장 많았고 일정이나 시간을 고려한다는 대답이 30%, 볼거리와 즐길 거리가 많은 곳이라는 응답이 18%였다. 이 여행사는 '하와이 등 해외 휴양지가 생각보다 비용이 많이 들지 않고 경치가 아름답기 때문에 일생에 한 번뿐인 신혼여행지로 국내보다는 해외를 선호하는 것 같다'고 전했다.

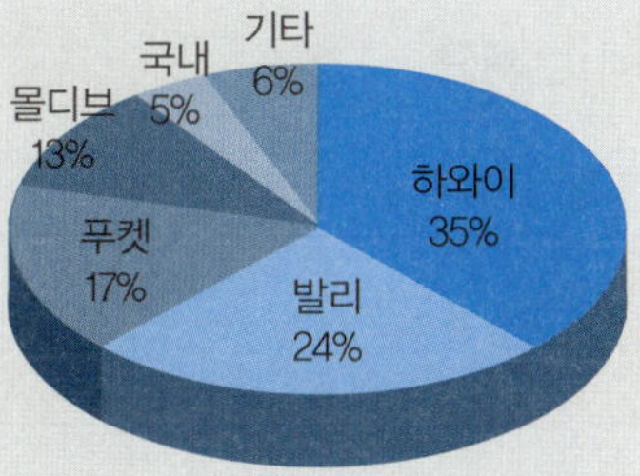

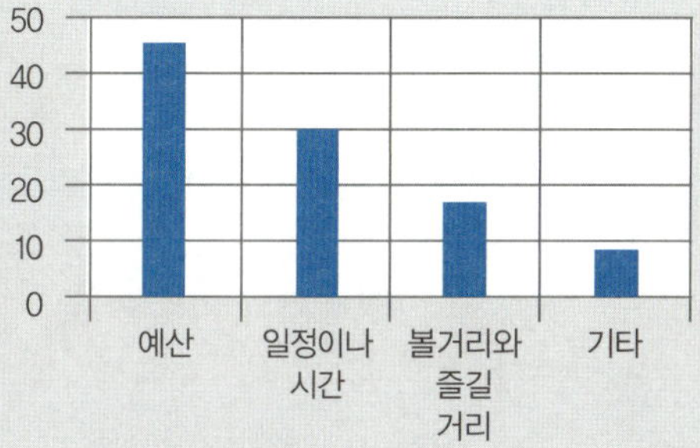

11. 이 글의 내용과 같은 것을 고르십시오.
   ① 대부분의 신혼부부가 해외로 신혼여행을 가는 셈이다.
   ② 해외로 신혼여행을 가면 국내 여행보다 비용이 덜 든다.
   ③ 국내로 신혼여행을 가고 싶어 하는 비율이 증가하고 있다.
   ④ 신혼여행지를 고르는 데에는 일정을 가장 중요하게 여긴다.

12. (   )에 들어갈 내용으로 알맞은 것을 고르십시오.
   ① 어느 신혼여행지가 만족도가 가장 높은지
   ② 어디로 신혼여행을 가야 비용이 적게 드는지
   ③ 국내로 신혼여행을 가는 비율은 왜 감소하는지
   ④ 신혼여행지를 선택하는 가장 중요한 기준이 무엇인지

말하기와 쓰기 Speaking and Writing

1. 아래 자료를 보고 생각해 봅시다.

[해외여행, 어떻게 갑니까?]

	패키지여행	자유 여행
남자	31.9 %	44.1 %
여자	54.4 %	16.9 %
20대~30대	11.4 %	62.7 %
40대~50대	34.7 %	43.1 %
60대 이상	46.4 %	6.5 %

1) 성별에 따라 선호하는 여행이 어떻게 다릅니까? 왜 그런 차이가 나타났을까요?

2) 나이별로 선호하는 여행은 어떻게 바뀌었습니까? 왜 그런 변화가 생겼을까요?

2. 친구와 이야기해 보세요.

1) 자유 여행과 패키지여행의 특징을 비교해 보세요.

	패키지여행	자유 여행
여행 전에 준비할 내용		
여행하면서 결정해야 할 일		
여행하면서 만나는 사람들		
여행 중에 조심해야 할 일		
이 여행에서 가장 좋은 점		

2) 여러분은 여행을 할 때 무엇을 가장 중요하게 생각합니까?

3) 여러분이 여행을 간다면 자유 여행과 패키지여행 중 어떤 여행을 선택하겠습니까?

3. 다음을 주제로 자신의 생각을 600~700자로 글을 쓰십시오.

> 여행을 즐기는 방법에는 여러 가지가 있습니다. 그중에서 자유 여행과 패키지여행은 대표적인 여행 방법입니다. 두 가지 방법은 각각 장점과 단점이 있지만 사람마다 중요하게 생각하는 것이 다르기 때문에 둘 중 하나를 선택하게 됩니다. 자유 여행과 패키지여행의 장단점을 비교하고 여러분이 여행을 가게 된다면 어떤 여행 방법을 선택할지 이유를 들어 써 보세요.

서론		주제를 다시 정리하여 쓰기 ______ ______ ______
본론	문단 1	자유 여행의 장점과 단점 쓰기 (장단점 비교하기) ______ ______ ______
	문단 2	패키지여행의 장점과 단점 쓰기 (장단점 비교하기) ______ ______ ______
	문단 3	자신이 선호하는 여행 방법 설명하기 (선택 이유 설명하기) ______ ______ ______
결론		전체적인 요약과 정리하기 ______ ______ ______

16 과학의 신비

The marvels of science

어 휘

- 과학의 원리
  Scientific principles
- 태도
  Attitudes
- 불-

문법과 표현

- A-다기보다는,
  V-ㄴ/는다기보다는
- 설마 A/V-겠어요?
- N(으)로부터
- N에 의해(서)

표현 연습

- 불확실함 표현하기
  Expressing uncertainty
- 원리 설명하기
  Expressing a principle

어 휘 Vocabulary

연 습 1 알맞은 표현을 사용하여 대화를 완성해 보세요.

실제로 존재하다	원리가 궁금하다	이유가 밝혀지다
이론적으로 가능하다	현실적으로 불가능하다	

1) A : 교통사고가 나서 사람들이 많이 다쳤다고 하던데 왜 그랬대요?
   B : 아직 조사 중인가 봐요. 조사가 끝나면 ______________________ 거예요.

2) A : 오늘 오후에 시간이 있는데 통영에 꼭 가 보고 싶어요.
   B : 서울에서 통영까지 왕복 8시간이 필요해요. 오후에 통영에 가서 구경하고 돌아오는 것은 ______________________.

3) A : 세탁기 덕분에 빨래하는 게 편해졌어요.
   B : 네. 그런데 저는 세탁기에 빨래를 하면 깨끗해지는 게 참 신기해요. 어떻게 빨래가 되는지 ______________________.

4) A : 가끔 귀신*을 봤다고 말하는 사람들이 있잖아요. 귀신이 있다고 믿으세요?
   B : 아니요. 저는 귀신이 ______________________다고 믿지 않아요. 귀신은 사람들의 두려움*이 만들어 낸 환상이라고 생각해요.

5) A : 우리가 사진을 찍어 저장하는 것처럼 지금 이 순간*의 소리나 향기, 느낌까지 모두 저장해 둘 수 있다면 좋을 텐데요.
   B : 그런 것도 ______________________다고 하던데요. 하지만 현재의 기술로는 그 이론을 실현하기*는 쉽지 않을 것 같아요.

귀신 ghost; spirit　두려움 fear　순간 moment　실현하다 to materialize

연 습 2 알맞은 표현을 사용하여 글을 완성해 보세요.

관심이 생기다	흥미가 없다	골치가 아프다	신비롭게 느껴지다

'우주의 신비'를 읽고

나는 어렸을 때부터 과학에 대해서 별로 1) ____________________. 흥미는커녕 과학이라는 말을 듣기만 해도 2) ____________________다는 생각이 들었다.

그런데 도서관에서 우연히 '우주의 신비'라는 책을 읽고 과학에 대해 3) ____________________. 이 책은 청소년을 위해 우주에 대해 쉽게 설명한 책이다.

지구는 태양으로부터 1억 5천만 킬로미터 거리에 떨어져 있다고 하는데 그 거리가 어느 정도인지 나는 상상이 안 된다. 우주에는 인간이 아직도 밝혀내지 못한 많은 무엇인가가 존재한다고 한다. 이 책을 읽다 보니 이러한 우주의 세계가 4) ____________________.

연 습 3 알맞은 단어를 사용하여 대화를 완성해 보세요.

불가능하다	불공평하다	불규칙하다	불확실하다	부정확하다

1) A : 지도대로 찾아가고 있는데 왜 목적지*가 안 나오는 거지?
   B : 이 지도가 ____________________지도 몰라. 지나가는 사람에게 물어보자.

2) A : 요즘 식사량도 줄이고 생각날 때마다 운동도 많이 하는데 왜 살이 안 빠지는 걸까?
   B : 운동을 매일 꾸준히 해야지. ____________________ 운동은 건강에 더 나쁘대.

3) A : 10년쯤 뒤에는 하늘 위로 날아다니는 자동차가 나오겠지요?
   B : 글쎄요. 저는 ____________________고 보는데요. 자동차가 어떻게 하늘을 날 수 있겠어요?

4) A : 오늘 회비는 각자 만 원씩 내자.
   B : 그건 ____________________고 생각해. 우리는 대학생이지만 현진이는 아직 고등학생이잖아.

5) A : 요즘 대학생들의 가장 큰 고민은 뭘까요?
   B : 졸업을 해도 취직하기가 힘들잖아요. ____________________ 미래에 대한 걱정이 가장 클 거라고 생각해요.

목적지 destination

문법과 표현 Grammar and Expression

1. A-다기보다는, V-ㄴ/는다기보다는

연 습 1 대화를 완성해 보세요.

1) A : 과학에 대해 잘 아시네요. 과학 공부를 따로 하는 거예요?
   B : ____________________ 과학 잡지를 좋아해서 시간이 날 때마다 읽는 편이에요.

2) A : 배드민턴을 아침마다 치네요. 운동을 좋아하나 봐요.
   B : ____________________ 건강을 위해서 꾸준히 하는 편이지요.

3) A : 동물을 좋아한다면서 왜 고양이는 키우지 않아요? 고양이를 싫어해요?
   B : ____________________ 집에 강아지가 있어서요.

4) A : 어제 만난 그 친구가 마음에 안 들어?
   B : ____________________ 너무 말이 없어서 어떤 사람인지 잘 모르겠더라고.

연 습 2 대화를 완성해 보세요.

1) A : 이 옷 모양이 마음에 안 드세요?
   B : ________________________________서요.
   (모양이 마음에 안 들다 / 색깔이 너무 화려하다)

2) A : 저는 왜 이렇게 새로운 문화를 배우는 데에 느릴까요?
   B : 지연 씨가 ____________________________는 거지요.
   (느리다 / 세상이 너무 빨리 돌아가다)

3) A : 마크 씨가 한 시간마다 저에게 전화를 해요. 저를 사랑해서 그러는 거겠죠?
   B : 그런 행동은 ____________________________ 것 같아요.
   (사랑이다 / 집착*이다)

4) A : 힘이 없어 보이네요. 어디 아파요?
   B : ________________________________요.
   (아프다 / 어제 과로를 해서 좀 피곤하다)

*집착 obsession

2. 설마 A/V-겠어요?

연 습 1 [보기]와 같이 대화를 완성해 보세요.

> [보기] A : 아이들에게 음식이 맵지는 않을까요?
> B : 고춧가루를 거의 안 넣었는데 설마 맵겠어요?

1) A : 내일 무대 위에서 연주하다가 실수할까 봐 걱정이에요.
   B : 매일 세 시간씩 연습했는데 ______________________________?

2) A : 냉장고가 또 고장 나지는 않겠지요?
   B : 두 번이나 수리했는데 ______________________________?

3) A : 내일 친구들과 등산 가기로 했는데 날씨가 추우면 어떡하죠?
   B : 지금이 6월인데 ______________________________?

4) A : 수업 시간에 한국어를 잘 못 알아들으면 어쩌죠?
   B : 한국어를 2년 동안 공부했는데 ______________________________?

연 습 2 [보기]와 같이 대화를 완성해 보세요.

> [보기] A : 나나 씨가 한국에 왔대요.
> B : 미국에서 학교에 다니는데 설마 나나 씨가 한국에 왔겠어요?
> 잘못 들었겠지요. (미국에서 학교에 다니다)

1) A : 줄리앙 씨가 혼자서 파티 음식을 다 만들었대요.
   B : ______________________________?
   절대로 그랬을 리가 없어요. (음식 종류가 10가지나 되다)

2) A : 주원 씨가 어제 하루 만에 '반지의 여왕'이라는 소설책을 다 읽었대요.
   B : ______________________________?
   그 말을 믿을 수가 없는데요. (세 권짜리 책이다)

3) A : 서현 씨가 지난주에 결혼했다는 말을 들었어요.
   B : ______________________________?
   그냥 소문일 거예요. (지난달까지도 애인이 없었다)

4) A : 어제 부산에 눈이 내렸대요.
   B : ______________________________?
   말도 안 돼요. (어제 기온이 영상 5도였다)

연 습 3 그림을 보고 뭐라고 말했을지 찾아보세요.

설마 그 말을 믿는 건 아니겠지?	설마 내 이름을 잊어버린 건 아니겠지?
설마 자고 있었던 건 아니겠지?	설마 혼자 이걸 다 먹는 건 아니겠지?

1)

2)

3)

4)

3. N(으)로부터

연 습 1 〈보기〉와 같이 문장을 바꿔 보세요.

> [보기] 이번 학기 등록금이 부족해서 은행에서 돈을 빌렸어요.
> → 이번 학기 등록금이 부족해서 은행으로부터 돈을 빌렸다.

1) 그 가수는 팬들에게 많은 사랑을 받고 있어요.
→ 그 가수는 ______________________________.

2) 이 집은 부모님한테서 물려받은 거예요.
→ 이 집은 ______________________________.

3) 수리 신청을 했는데 컴퓨터 회사에서는 아직 연락이 없어요.
→ 수리 신청을 했는데 ______________________________.

4) 그 책은 가장 친한 친구에게서 받은 선물이에요.
→ 그 책은 ______________________________.

5) 어제 대학교에서 합격했다는 메일을 받았어요.
→ 어제 ______________________________.

연 습 2 [보기]와 같이 다음 인터뷰를 완성해 보세요.

> [보기] 관계자 : **"일 등 하셨습니다."**
> A : 이번 요리 대회 일 등을 축하드립니다.
> 일 등 소식을 들었을 때 기분이 어떠셨습니까?
> B : 관계자로부터 일 등 했다는 연락을 받았을 때 믿을 수가 없었습니다.

1) 할아버지 : **"요리에 소질이 있구나."**

A : 언제부터 요리를 시작하게 되셨습니까?
B : 어렸을 때 ______________________________.

2) 어머니 : **"절대 포기하면 안 돼."**

A : 이렇게 성공하기까지 많은 어려움이 있었다고 들었습니다. 어떻게 이겨 내셨습니까?

B : ______________________________.

3) 손님 : **"정말 맛있어요!"**

A : 음식을 만들면서 가장 기뻤던 적은 언제입니까?

B : ______________________________.

4. N에 의해(서)

연 습 1 다음 문장을 알맞게 바꿔 보세요.

1) 사람들이 마음대로 동물을 사냥해서* 동물들이 멸종되고 있다.

⇨ ____________________ 동물들이 멸종되고 있다.

2) 김재규 감독이 '착한 사랑'이라는 소설을 영화로 만들었다.

⇨ ____________________ '착한 사랑'이라는 소설이 영화로 만들어졌다.

3) 염색체*는 X와 Y가 있는데 사람의 성별*을 결정하는 것은 Y 염색체이다.

⇨ ____________________ 사람의 성별이 결정된다.

4) 말을 생각 없이 하는 경우가 있는데 그 말 때문에 상처를 받을 때가 많다.

⇨ ____________________ 상처를 받을 때가 많다.

사냥하다 to hunt 염색체 chromosome 성별 gender

연 습 2 알맞은 단어를 사용하여 문장을 완성해 보세요.

1) 우리 가족의 중요한 일은 ______________에 의해 결정된다.

부모님	가족회의	전통	?

2) 미래는 ______________에 의해 결정된다.

노력	운명	사람	?

3) 가격은 ______________에 의해 정해진다.

품질*	사장님	소비자*	?

4) 실험 결과는 ______________에 의해 달라질 수 있다.

연구자	실험 조건	온도	?

품질 quality 소비자 consumer

표현 연습 Expression Practice

다음 표현의 뜻을 확인해 보고 친구와 같이 대화를 만들어 보세요.

불확실함을 표현할 때

글쎄

A : 금요일에 만나면 친구들이 다 모일 수 있지 않을까?

B : **글쎄**, 보통 금요일에 약속이 더 많을걸. 오히려 주말이 낫지 않을까?

[연습]

① 놀이공원으로 놀러 가자고 하면 친구들이 다 좋아할 것이다.

② SF영화를 보자고 하면 동료들이 다 좋아할 것이다.

~는 거 아닐까?

A : 나는 왜 이렇게 곱슬머리인지 모르겠어. 불편할 때가 많아.

B : 부모님이 곱슬머리라서 **그런 거 아닐까?** 나는 곱슬머리가 부럽던데.

[연습]

① 팔이 길다.

② 얼굴에 주근깨가 많다.

~는 것 같기도 한데

A : 병뚜껑을 열려면 시계 반대 방향으로 돌리는 거 아냐? 왜 안 열리지.

B : 글쎄, 잘 모르겠네. 시계 방향**인 것 같기도 한데**. 반대로 한번 돌려 봐.

[연습]

① 문을 열 때 밀어야 열리는 것으로 알고 있다.

② 수돗물이 나오게 하려면 수도꼭지를 위로 올려야 하는 것으로 알고 있다.

원리를 설명할 때

그게 왜 그러냐 하면

A : 자동판매기는 어떻게 동전이 얼마짜리인지 구별할 수 있을까요?

B : **그게 왜 그러냐 하면** 동전에 흐르는 전기의 양이 달라서 그래요.

신용 카드의 가로 길이에 대해

A : 신용 카드나 명함은 왜 가로 길이가 세로 길이보다 길어요?

B : (황금 비율에 맞게 만들다) ______________ ______________.

~어서 ~는 거야

A : 세탁기가 빨래를 하는 원리는 뭘까?

B : 빨래가 물이나 세제와 같이 돌면서 때가 분리**돼서** 깨끗해지**는 거야.**

세면대 물이 도는 이유에 대해

A : 세면대 물이 돌면서 내려가는 이유는 뭘까?

B : (지구가 돌고 있다) ______________ ______________.

내가 알기로는 ~때문이야

A : 사과 껍질을 깎아 놓으면 왜 색깔이 변할까?

B : **내가 알기로는** 공기와 만나면 색깔이 변하는 성분이 사과에 있기 **때문이야.**

빙하가 녹는 이유에 대해

A : 빙하가 다 녹아 버릴지도 모른다는데 그 이유가 뭔지 알아?

B : (지구 온난화가 진행되고 있다) ______________ ______________.

17 만남과 헤어짐

Meeting and separation

어 휘

- 추억
  Memories
- 변화
  Changes
- 관용 표현
  Idiomatic expressions

문법과 표현

- A-다 싶다,
  V-ㄴ/는다 싶다
- V-곤 하다
- A/V-았었/었었-
- V-는 사이(에)

표현 연습

- 회상하기
  Reminiscing
- 헤어지는 인사하기
  Saying farewell

어 휘 Vocabulary

연 습 1 알맞은 표현을 사용하여 편지를 완성해 보세요.

기억이 생생하다	가슴속에 간직하다	좋은 추억으로 남다
세월이 쏜살같다	처음 만난 게 엊그제 같다	

하은아!

우리가 대학교에서 1) ______________________데 벌써 만난 지 10년이 되었구나. 몇 년 안 지난 것 같은데 네가 벌써 결혼을 하게 되었다는 소식을 들으니 정말 2) ______________________이 흘러간다*는 말이 실감이 난다.

우리가 처음 만났을 때 기억나니? 나는 아직도 그날의 3) ______________________. 너는 시골에서 올라온 작은 여학생이었고, 서울에서만 자란 나는 네가 참 촌스러워* 보여서 말도 잘 걸지* 않았지. 그때는 서로 싸움도 많이 했는데 지금은 모두 4) ______________________아 있구나.

영원히 변치 말고* 우정을 지키자고 했던 약속을 항상 5) ______________________고 있는 거 알지? 결혼 축하해.

주연이가.

흘러가다 to flow along/fly along 촌스럽다 to be countrified 말을 걸다 to initiate conversation 변치 않다 to not change

연 습 2 알맞은 표현을 사용하여 글을 완성해 보세요.

몰라보게 달라지다	너무 변해서 못 알아보다	하나도 안 변하다
예전 그대로이다	예전만 못하다	

어제 고등학교 동창 한 명을 지하철에서 우연히 만났다. "반가워, 너는 여전히* 예쁘구나." "예쁘기는. 1) ______________________지, 뭐." 우리는 서로 이렇게 인사했지만, 처음에 그 친구가 나에게 말을 걸었을 때는 모습이 2) ______________________ 뻔했다. 어릴 때는 나보다 키도 작고 부끄러움이 많아서 먼저 말도 잘 못 걸던 아이였는데 지금은 3) ______________________ 있었다. 그 사이 10년이라는 시간이 지났으니 4) ______________________ 다면 이상한 일일 것이다. 하지만 나를 보며 상냥하게 웃어 주던 그 따뜻한 눈빛은 내가 어릴 때 느꼈던 5) ______________________.

연 습 3 알맞은 표현을 사용하여 대화를 완성해 보세요.

세상이 참 좁다	옷깃만 스쳐도 인연이다
손꼽아 기다리다	무소식이 희소식이다

1) A : 미국으로 여행 간 딸한테서 일주일 동안 연락이 없네요.
   B : ______________________요. 잘 지내고 있을 테니 걱정하지 마세요.

2) A : 어제 소개팅한 남자를 오늘 지하철에서 우연히 만났어.
   B : ______________________는데 그렇게 우연히 만나는 걸 보니 두 사람이 인연이 있나 봐.

3) A : 이번 휴가 때 오랜만에 가족들과 여행 가기로 하셨다면서요?
   B : 네, 그래서 휴가 기간이 되기를 ______________________고 있어요.

4) A : 이번에 외국 여행 갔잖아. 거기에서 초등학교 때 친구를 만났어.
   B : 정말? ______________________구나. 일부러 만나려고 해도 만나기 어려운데 말이야.

여전히 still; as ever

문법과 표현 Grammar and Expression

1. A-다 싶다, V-ㄴ/는다 싶다

연 습 1 [보기]와 같이 문장을 완성해 보세요.

[보기] (배가 고파요)

배가 고프다 싶어서 조금 일찍 저녁을 먹었어요.

1) (머리가 복잡해요)

______________________ 바람이나 쐬러 갈까 해요.

2) (길이 막혀요)

______________________ 택시에서 내려서 지하철로 갈아탔어요.

3) (사진을 잘 찍어요)

______________________ 우리 반 단체 사진*을 찍어 달라고 부탁했어요.

4) (무소식이 희소식이에요)

______________________ 아무 연락이 없어도 그냥 기다리기로 했어요.

연 습 2 [보기]와 같이 대화를 완성하세요.

[보기] A : 옷이 너무 얇은데 춥지 않아요?
B : 네, 날씨가 좋겠다 싶어서 가볍게 입고 왔더니 쌀쌀하네요. (날씨가 좋을 것이다)

1) A : 친구에게 집 꾸미는* 일을 도와 달라고 부탁했다면서요?
B : 네, ______________________ 부탁했어요. (손재주가 있을 것이다)

단체 사진 group photograph 꾸미다 to decorate

2) A : 잡채가 좀 짠 것 같은데요.

B : 네, ______________________________ 소금을 넣었는데 너무 짜졌네요. (싱거울 것이다)

3) A : 요즘 여자 친구 생겼다는 소문이 있던데요.

B : 네, ______________________________ 마이클 씨한테만 얘기했는데 다른 친구들한테 다 말해 버렸어요. (입이 무거울 것이다)

4) A : 자동차 사기로 했다면서요?

B : 네, ____ 차를 사려고요. (새로 이사 간 집이 교통이 불편할 것이다)

연 습 3 [보기]와 같이 대화를 완성하세요.

[보기]

A : 미연 씨가 감기에 걸려서 많이 아픈가 봐요.

B : 요즘 너무 무리한다 싶더니 감기에 걸렸군요.

1) A : 아야코 씨가 속이 거북한가 봐요.

B : ____ 체했나 봐요.

2) A : 슈웨 씨가 등록금이 없어서 다음 학기에 휴학한대요.

B : ____ 등록금까지 다 써 버렸군요.

3) A : 우진 씨가 여자 친구랑 한 달 만에 헤어졌대요.

B : ____ 결국 그렇게 됐군요.

4) A : 니키 씨가 요즘 안경을 쓰기 시작했어요.

B : ____ 눈이 나빠졌나 봐요.

2. V-곤 하다

연 습 1 대화를 완성해 보세요.

1) 

A : 시험공부하다가 졸릴 때 어떻게 하세요?

B : 공부하다가 졸리면 ______________________________.

2) 

A : 고향 생각이 많이 날 때는 어떻게 마음을 달래요?

B : 그럴 때는 ______________________________.

3) 

A : 운전하다가 길을 모르면 큰일이잖아요.

B : 그래서 저는 운전할 때는 ______________________________.

4) 

A : 로라 씨는 한국에 대해서 모르는 게 없는 것 같아요.

B : 네, 궁금한 게 생기면 항상 ______________________________.

연 습 2 [보기]와 같이 대화를 완성해 보세요.

[보기] A : 고향에서 새해 첫날에는 무엇을 했어요?
B : 가족들이 모여 맛있는 음식을 먹으면서 밤을 새워 놀곤 했어요.

1) A : 좋은 추억으로 남아 있는 어렸을 때의 기억이 있어요?
B : 네, 어렸을 때 ______________________________.

2) A : 어렸을 때 손꼽아 기다리던 일이 있어요?
B : 네, 어렸을 때 ______________________________.

3) A : 친구에게 했던 말이나 행동 중에서 지금 후회하는 일이 있어요?
B : ______________________________.

4) A : 학교 다닐 때 어떤 잘못을 해서 선생님께 야단을 맞았어요?
B : ______________________________.

3. A/V-았었/었었-

연 습 1 [보기]와 같이 문장을 바꿔 보세요.

[보기] 요즘에는 과학에 관심이 없어서 과학책을 별로 안 읽는다.
→ 예전에는 과학에 관심이 많아서 과학책을 많이 읽곤 했었다.

1) 요즘에는 일이 많아서 친구들과 같이 노래방에도 못 간다.
→ 예전에는 ______________________________.

2) 요즘에는 이메일이 있어서 친구들에게 손편지*를 잘 안 쓴다.
→ 예전에는 ______________________________.

3) 요즘에는 건강을 생각해서 외식을 거의 안 한다.
→ 예전에는 ______________________________.

4) 요즘에는 다른 사람을 배려해서* 함부로* 행동하지 않는다.
→ 예전에는 ______________________________.

연 습 2 대화를 완성해 보세요.

1) A : 여기가 옛날에는 유명한 식당이었다면서요?
B : 네, 요즘은 손님이 별로 없지만 ______________________________.

2) A : 이런 록 음악을 좋아하세요?
B : 요즘은 자주 안 듣지만 ______________________________.

3) A : 요즘은 뮤지컬 공연 보러 안 가요?
B : 네, 돈이 없어서 못 가요. ______________________________.

4) A : 고등학교 때 단짝*이었던 친구를 만난 적이 있어요?
B : 아니요, 졸업한 후로 못 만났어요. 그때는 ______________________________.

손편지 handwritten letter 배려하다 to be considerate of 함부로 rashly; thoughtlessly 단짝 best friend

연 습 3 시를 완성해 보세요.

그때는……

어렸을 때 엄마에게 야단맞으면
억울하다고 화를 내며 울었었지.
그때는 왜 그랬는지 몰라.
철이 없었나* 봐.

어렸을 때 학교 가기 싫으면
1) ________________.
그때는 왜 그랬는지 몰라.
철이 없었나 봐.

처음 짝사랑할 때
2) ________________.
그때는 왜 그랬는지 몰라.
철이 없었나 봐.

3) ________________
4) ________________.
그때는 왜 그랬는지 몰라.
철이 없었나 봐.

4. V-는 사이(에)

연 습 1 [보기]와 같이 문장을 완성해 보세요.

[보기]

친구들이 이야기하다	내가 음료수를 사 오다

⇨ 친구들이 이야기하는 사이에 내가 음료수를 사 왔다.

1)

동료들이 점심 먹다	내가 밀린* 일을 끝내다

⇨ ________________.

2)

부모님이 주무시다	동생이 컴퓨터 게임을 하다

⇨ ________________.

철이 없다 to lack maturity　밀리다 to be left undone

3) 내가 도서관에서 공부하다 | 친구가 집으로 찾아왔다고 하다

⇨ ____.

4) 내가 텔레비전을 보다 | 오빠가 내 피자를 먹어 버리다

⇨ ____.

5) 나도 모르다 | 내 한국어 실력이 좋아지다

⇨ ____.

연 습 2 대화를 완성해 보세요.

1) A : 무슨 일 있어요? 기분이 안 좋아 보이는데요.
   B : 내가 ____________________ 동생이 내 자전거를 타고 나가 버렸어요.

2) A : 아까 전화했는데 왜 전화 안 받았어요?
   B : 전화했어요? 못 들었어요. 아마 ____________________.

3) A : 어? 어제 주문한 책상이 벌써 왔네요.
   B : 네가 ____________________ 아저씨가 배달해 주셨어.

4) A : 수연 씨가 가방을 잃어버렸다면서요?
   B : 네, ____________________ 누군가 가방을 몰래 가져가 버렸대요.

5) A : 고향에 있는 여자 친구랑 헤어졌다면서요?
   B : 네, 내가 ____________________ 여자 친구가 다른 사람이랑 결혼해 버렸어요.

표현 연습 Expression Practice

다음 표현의 뜻을 확인해 보고 친구와 같이 대화를 만들어 보세요.

옛날 일을 회상할 때

~었었는데……

A : 대학교 다닐 때는 도서관에 자주 가더니 요즘에는 잘 안 가는 것 같아요.

B : 네, 직장 다니느라 시간이 없어서요. 그때는 책도 많이 읽**었었는데**…….

[연습]

① 대학교 때는 여행을 자주 했다 / 그때는 여기저기 안 가 본 곳이 없었다

② 대학교 때는 친구들 모임에 자주 나갔다 / 그때는 친구들도 자주 만났다

~곤 했어

A : 언니하고 사이가 좋은가 봐.

B : 지금은 사이가 좋은 편인데 어렸을 때는 자주 싸우**곤 했어**.

[연습]

① 요즘에는 수영을 잘 안 한다 / 어렸을 때는 자주 했다

② 요즘은 할머니 댁에 자주 못 간다 / 어렸을 때는 주말마다 갔다

~었었지

A : 학교 다닐 때 너 노래 잘했었잖아. 한번 불러 봐.

B : 어릴 때는 노래를 잘**했었지**. 지금은 잘 못해.

[연습]

① 학교 다닐 때 춤을 잘 췄다 / 지금은 못 춘다

② 학교 다닐 때 시를 잘 외웠다 / 지금은 다 잊어버렸다

헤어질 때

도착하면 연락할게

A : 잘 가. 운전 조심하고.
B : 걱정 마. **도착하면 연락할게.**

유학 가는 아들을 걱정하는 엄마에게

A : 잘 가고 항상 건강 조심해.
B : 네, 걱정 마세요. ______________________
______________________________.

건강하게 잘 지내

A : 지금 헤어지면 한 일 년 후에나 만날 수 있겠네.
B : 응, 잘 다녀올게. 그동안 **건강하게 잘 지내.**

군대 가는 친구에게

A : 내 걱정은 하지 마. 씩씩하게 잘 다녀올게.
B : 그래, 거기 가서도 ______________________
______________________________.

다시 만날 날이 있겠지

A : 고향에 돌아가는 거야? 이제 영영 못 만나겠네.
B : 언젠가 **다시 만날 날이 있겠지.** 그때까지 잘 지내.

이사 가는 친구에게

A : 그동안 정이 많이 들었는데 그렇게 멀리 이사 가면 못 만나겠네.
B : 거리는 멀어도 언젠가 ______________________
______________________________.

우리 나중에 꼭 다시 만나

A : 이렇게 헤어지다니 서운한데. **우리 나중에 꼭 다시 만나.**
B : 응, 한국에 올 때마다 연락할게.

졸업식 날 헤어지는 친구에게

A : 이제 졸업하면 못 보겠네.
B : 지금은 헤어지지만 ______________________
______________________________.

18 흥부와 놀부
Heung-bu and Nol-bu

어 휘	• '흥부와 놀부' 관련 어휘 Vocabulary related to the story of Heung-bu and Nol-bu
	• 의태어 Mimetic words
문법과 표현	• V-아/어 대다
	• N(이)며 N(이)며

어 휘 Vocabulary

연 습 1 알맞은 단어를 사용하여 대화를 완성해 보세요.

제비	박	톱	보물	도깨비

1) 

A : 이 영화 무섭네요.

B : 그렇죠? 저 집에서 __________이/가 나올 거 같아요.

2) 

A : 이 바가지는 뭐로 만들었어요?

B : __________(으)로 만들었는데 예전에는 여기에 음식을 담아 먹거나 물을 마실 때 사용했대요.

3) 

A : 한국의 우체국 마크*는 새 모양이네요. 이게 무슨 새예요?

B : __________(이)라는 새인데 한국인과 친숙한 새이면서 속도도 빨라서 우체국을 잘 나타내는 것 같아요.

4) 

A : 이렇게 두꺼운 얼음을 어떻게 잘라요?

B : __________(으)로 자르면 돼요.

5) 

A : 이게 무슨 지도예요?

B : 옛날 지도래요. 이런 지도를 보고 숨겨져 있는 __________을/를 찾으러 가는 영화도 있잖아요.

연 습 2 알맞은 표현을 사용하여 문장을 완성해 보세요.

내쫓다	묶다	열리다	쏟아지다	부러뜨리다

1) 동생이 실수로 내 안경 다리를 ______________서 정말 속상했다.
2) 어젯밤에 고양이 한 마리가 집 안으로 들어왔는데 동생이 무서워해서 내가 고양이를 집 밖으로 ______________.
3) 길을 가는데 갑자기 머리 위로 물이 ______________서 옷이 다 젖었다.
4) 올해는 날씨가 별로 좋지 않아서 포도가 많이 안 ______________ 것 같다.
5) 초등학교 때 우리 어머니는 아침마다 내 머리를 곱게 빗겨 주시고 예쁜 리본으로 ______________ 주곤 하셨다.

* 마크 mark; logo

연 습 3 알맞은 단어를 사용하여 이야기를 완성해 보세요.

터덜터덜	훨훨	빙빙	주렁주렁	슬근슬근

1)

아이는 몸이 약해서 밖에 나가 놀 수가 없었습니다. 그래서 항상 창밖의 새들을 바라보며 생각했습니다.
'나도 저 새처럼 ______________________.'

2)

착한 부부는 큰 박을 가져와서 노래를 부르면서 톱질을 하기 시작했습니다.
"______________________________."

3)

여자가 큰 문을 열자 넓은 마당이 나왔습니다. 그 마당에는 나무마다 ______________________.

4)

도둑을 만난 남자는 가진 돈을 모두 빼앗겼습니다. 그래서 슬퍼하며 집으로 ______________________.

5)

어느 봄날 귀여운 소녀가 정원에서 꽃을 바라보며 즐거워하고 있었습니다. 그런데 벌 한 마리가 날아오더니 꽃 위를 __________
____________________.

문법과 표현 Grammar and Expression

1. V-아/어 대다

연 습 1 그림을 보고 대화를 완성해 보세요.

1) 

A : 아침부터 얼굴이 피곤해 보이네요.

B : 룸메이트가 계속 ________________ 잠을 잘 수가 없었어요.

2) 

A : 엄마가 왜 화가 나셨어요?

B : 누나가 하루 종일 남자 친구랑 ________________________
화가 나셨어요.

3) 

A : 영화 잘 봤어요?

B : 앞자리에 앉은 사람이 계속 팝콘을 _____________________
제대로 영화를 볼 수가 없었어요.

4) 

A : 이 집 개가 낮에 종일 ________________ 너무 시끄러워요.

B : 죄송해요. 조심 시킬게요.

5) 

A : 어제 회식 재미있었어요?

B : 말도 마세요. 김 대리가 계속 __________________________
동료들하고 얘기도 못 했어요.

연 습 2 대화를 완성해 보세요.

1) A : 옆집 아기가 밤마다 운다면서요?

B : 네, 밤마다 ________________서 잠을 못 잘 정도예요.

2) A : 알리 씨가 배탈이 났나 봐요.

B : 배고프다고 아이스크림을 계속 ________________더니 결국 탈이 났군요.

3) A : 장난감이 많던데 또 사 줬어요?

B : 아이가 어찌나 ________________는지 안 사 줄 수가 없었어요.

4) A : 언니, 돈 좀 빌려줘.

B : 옷을 그렇게 ________________더니 용돈을 벌써 다 썼구나.

2. N(이)며 N(이)며

연 습 1 그림을 보고 대화를 완성해 보세요.

1)

A : 그 사람은 신발이 그렇게 많다면서요?

B : 네. 신발장*을 본 적이 있는데 ________________

없는 신발이 없더라고요.

2)

A : 그 호텔은 아침 식사도 주나요?

B : 물론이지요. 아침 식사로 ________________

세계 여러 나라의 다양한 음식을 제공한대요*.

3)

A : 아이 선물을 사야 하는데 어디에 가면 좋을까요?

B : 학교 앞에 새로 생긴 가게에 가 보세요. ________

________ 다양한 장난감을 팔더라고요.

4)

A : 이거 직접 만든 거예요?

B : 아니요. 유명한 작가의 작품이에요. 그 사람은 종이를 접어서

________________ 온갖* 동물을 만드는 걸로

유명해요.

연 습 2 문장을 완성해 보세요.

1) 우리는 학교에서 ________________ 많은 지식을 배웁니다.

2) 우리는 날마다 ________________ 여러 가지 대중교통을 이용합니다.

3) 우리는 매일 ________________ 여러 사람들의 도움을 받으면서 살아갑니다.

4) 우리는 오늘도 ________________ 수많은 전자 제품에 둘러싸여 지내고 있습니다.

신발장 shoe closet 제공하다 to provide 온갖 all kinds; all sorts

복습 6

어휘와 문법 Vocabulary and Grammar

정리하기

어휘

16과	실제로 존재하다 원리가 궁금하다 이유가 밝혀지다 이론적으로 가능하다 현실적으로 불가능하다	관심이 생기다 흥미가 없다 골치가 아프다 신비롭게 느껴지다	불가능하다 불공평하다 불규칙하다 불확실하다 부정확하다
17과	기억이 생생하다 가슴속에 간직하다 좋은 추억으로 남다 세월이 쏜살같다 처음 만난 게 엊그제 같다	몰라보게 달라지다 너무 변해서 못 알아보다 하나도 안 변하다 예전 그대로이다 예전만 못하다	세상이 참 좁다 옷깃만 스쳐도 인연이다 손꼽아 기다리다 무소식이 희소식이다
18과	제비 박 톱 보물 도깨비	(동생을) 내쫓다 (헝겊으로) 묶다 (박이) 열리다 (보물이) 쏟아지다 (다리를) 부러뜨리다	터덜터덜 훨훨 빙빙 주렁주렁 슬근슬근

문법

16과	A-다기보다는 V-ㄴ/는다기보다는	책 읽기를 싫어**한다기보다는** 책 읽을 시간이 없어요.
	설마 A/V-겠어요?	**설마** 그 사람이 거짓말을 하**겠어요**?
	N(으)로부터	이 집은 부모님**으로부터** 물려받은 집이다.
	N에 의해(서)	실험 결과는 실험 방법**에 의해** 달라질 수 있다.
17과	A-다 싶다 V-ㄴ/는다 싶다	옷이 마음에 들기는 하지만 좀 비싸**다 싶어서** 안 샀어요.
	V-곤 하다	시간이 있으면 근처 공원에 가서 산책을 하**곤 해요**.
	A/V-았었/었었-	옛날에는 아주 장난을 많이 **쳤었**는데 지금은 점잖아졌다.
	V-는 사이(에)	내가 텔레비전을 보**는 사이에** 동생이 내 옷을 입고 나갔다.
18과	V-아/어 대다	옆집 강아지가 시끄럽게 짖**어 대서** 공부를 할 수가 없다.
	N(이)며 N(이)며	눈**이며** 입**이며** 아버지 얼굴을 많이 닮았다.

연습하기

1. 알맞은 단어를 찾아 문장을 완성해 보세요.

인연	쏜살	세상	희소식	엊그제	예전	추억

1) 무소식이 __________이에요.

2) 세월이 __________같아요.

3) 가슴속에 __________으로 남아 있어요.

4) 처음 만난 게 __________ 같아요.

5) 옷깃만 스쳐도 __________이에요.

2. 그림을 보고 알맞은 단어를 골라 문장을 완성해 보세요.

1) 
2) 
3) 
4) 

1) 힘들 때는 하늘을 나는 새처럼 __________ 날아서 어딘가 멀리멀리 가고 싶다.

2) 마당에 포도가 __________ 열려 있어서 보기만 해도 기분이 좋아진다.

3) 아이들이 잔디밭을 __________ 돌면서 즐겁게 뛰어놀고 있다.

4) 일을 끝내고 혼자 집으로 __________ 걸어가는 친구의 모습을 보니 안쓰러웠다.

3. 밑줄 친 부분과 같은 뜻이 되도록 바꿔 써 보세요.

1) 나는 만난 적은 없지만 외계인이 어디엔가 <u>진짜 있을 거라고</u> 생각한다.
→ (   )

2) 잠을 자다가 갑자기 사망하는 아기들이 있었는데 <u>왜 그랬는지 알게 되었다는</u> 기사가 신문에 나왔다.
→ (   )

3) 우리가 과거로 시간 여행을 하는 것이 <u>과학적인 논리로는 안 되는 일이 아니라고</u> 한다.
→ (   )

4) 엘리베이터 덕분에 우리의 생활이 매우 편리한데 그래서 <u>어떻게 움직이는지 알고 싶을</u> 때가 있다.
→ (   )

4. 다음 표현의 반대말을 써 보세요.

1) 가능하다 ↔ (   )

2) 규칙적이다 ↔ (   )

3) 공평하다 ↔ (   )

4) 확실하다 ↔ (   )

5) 정확하다 ↔ (   )

5. 다음 표현을 사용하여 질문에 대답해 보세요.

N에 의해(서)

- 우리 반의 대표는 어떻게 정하는 것이 좋습니까?
- 여러분 고향에서 대학교 진학은 무엇에 의해 결정됩니까?

V-곤 하다

- 주말에는 무엇을 하면서 시간을 보냅니까?
- 스트레스 많이 받을 때는 어떻게 스트레스를 풉니까?

A/V-았었/었었-

- 내 생각이 과거와 달라졌다고 생각한 적이 있습니까?
- 부모님의 태도가 어렸을 때와 달라졌다고 생각한 적이 있습니까?

V-는 사이(에)

- 어릴 때 부모님 몰래 한 일이 있습니까?
- 수업 시간에 선생님 몰래 하면 안 되는 일을 한 적이 있습니까?

V-아/어 대다

- 어떤 시끄러운 소리 때문에 짜증이 날 때가 있습니까?
- 친구나 동생의 어떤 행동 때문에 화가 납니까?

6. 다음 표현을 사용하여 〈읽고 쓰기〉의 내용에 대해 이야기해 보세요.

16과 과학의 신비 (주교재 p.158)

- 영화 '마이너리티 리포트'에 나온 과학 기술은 무엇입니까?
- 영화에 나오는 '하늘을 나는 자동차'에 대한 사람들의 생각이 어떻게 바뀌었습니까?
- "사람이 생각해 내기만 하면 꿈은 현실이 된다"는 말은 무슨 뜻이라고 생각합니까?

에 의해	(으)로부터	설마 -겠어요?
실제로 존재하다	이론적으로 가능하다	현실적으로 불가능하다

17과 만남과 헤어짐 (주교재 p.178)

- 누가 누구에게 보낸 편지입니까?
- 두 사람은 지금 어떤 일을 하고 있습니까?
- 여자가 지금 걱정하고 있는 것은 무엇입니까?

-곤 하다	-는 사이에	기억이 생생하다
손꼽아 기다리다	무소식이 희소식이다	고무신을 거꾸로 신다

18과 흥부와 놀부 (주교재 p.190)

- 흥부와 놀부는 어떤 성격입니까?
- 흥부 가족의 생활은 어떻습니까?
- 흥부에 대한 놀부의 태도는 어떻습니까?
- 흥부는 어떻게 부자가 되었습니까?

-아/어 대다	(이)며 (이)며	제비	다리를 부러뜨리다
박이 열리다	보물이 쏟아지다	주렁주렁	

평가하기

제한 시간 10분 | 내 점수 : / 12

[1–3] (   )에 들어갈 가장 알맞은 것을 고르십시오.

1. 오랜만에 내가 다녔던 초등학교를 찾아가 봤는데 (   ) 같은 학교라는 생각이 안 들었다.
   ① 옷깃만 스쳐도　　② 몰라보게 달라져서
   ③ 좋은 추억으로 남더니　　④ 하나도 안 변했으므로

2. 동생과 다퉜는데 어머니는 동생에게는 아무 말씀을 안 하시고 나만 혼내셨다. 정말 (   ).
   ① 불공평하다　　② 불확실하다
   ③ 불가능하다　　④ 불규칙하다

3. 갑자기 건물 천장에서 물이 (   ) 바람에 사람들이 깜짝 놀라서 소리를 질렀다.
   ① 내쫓는　　② 열리는
   ③ 쏟아지는　　④ 부러뜨리는

[4–6] 밑줄 친 부분과 의미가 비슷한 것을 고르십시오.

4. 시골 작은 마을에 UFO가 나타났다는 뉴스를 봤다. <u>설마 그 뉴스가 사실이라고 믿는 사람이 있을까</u>?
   ① 사람들이 믿는 그 뉴스는 사실만 못하다.
   ② 사람들이 믿는 그 뉴스는 사실일 수도 있다.
   ③ 사람들이 그 뉴스가 사실이라고 믿을 것이다.
   ④ 사람들이 그 뉴스가 사실이라고 믿을 리가 없다.

5. 도서관에서 옆에 앉은 사람이 <u>떠들어 대서</u> 공부에 집중할 수 없었다.
   ① 잠깐 떠들었으니까　　② 가끔 떠들었으므로
   ③ 계속 떠드는 바람에　　④ 작게 떠드는 데다가

6. 저는 책 읽기를 <u>싫어한다기보다는</u> 책 읽을 시간이 없어서 책을 못 읽어요.
   ① 싫어하므로　　② 싫어한다 싶어서
   ③ 싫어하는 데다가　　④ 싫어하는 것은 아닌데

[7-10] 다음 ( )에 알맞은 것을 고르십시오.

7.

지금부터 일 분도 잠을 안 자고 시험공부를 한다면 이번 시험을 잘 볼 수 있을 지도 모르지만 그것은 ( ). 이럴 줄 알았으면 미리 공부를 좀 해 둘걸 그랬다.

① 현실적으로 불가능하다
② 흥미가 없을 것 같다
③ 이론적으로도 가능하다
④ 실제로 존재하지 않는다

8.

친구가 공부한다고 외국으로 유학을 갔는데 처음에는 연락이 오다가 요즘은 통 연락이 없다. 아무리 ( ) 하지만 오랫동안 연락이 없으니 걱정이 된다. 내가 한번 연락을 해 봐야겠다.

① 세상이 참 좁다고
② 손꼽아 기다린다고
③ 무소식이 희소식이라고
④ 옷깃만 스쳐도 인연이라고

9.

요즘처럼 아르바이트하느라고 힘들 때는 돈 걱정 없이 공부할 수 있는 친구가 부럽기도 하다. 나도 ( ) 물려받은 재산이 많아서 공부에만 열중할 수 있으면 좋겠다는 생각이 들어서 부럽기만 하다.

① 부모님으로서
② 부모님으로부터
③ 부모님에 의하면
④ 부모님에 따라서

10.

두 사람이 서로 ( ) 소개팅을 해 주기는 했는데 만난 지 한 달도 안 돼서 결혼한다고 하니까 갑자기 걱정이 된다. 나중에 둘 사이에 무슨 일이 생기면 내가 책임져야 하는 것은 아닐까 하는 책임감마저 느껴진다.

① 말이 잘 통하는 사이에
② 말이 잘 통하겠다 싶어서
③ 말이 잘 통하기가 무섭게
④ 말이 잘 통할 리가 없어서

[11] **다음은 영화평의 일부입니다. (　　　　　　)에 알맞은 것을 고르십시오.**

이 영화는 삶과 죽음에 관한 영화이다. 시한부 인생을 살고 있는 남자는 여자를 사랑하지만 어쩔 수 없이 여자를 멀리한다. 관객은 죽음을 앞두고 있는 남자를 보면서 삶과 죽음에 대해 생각하게 된다. 결국 남자는 여자와의 추억을 (　　　　　　) 채 죽게 되고 그 사실을 알지 못하는 여자는 사라진 남자를 그리워하며 괴로워한다.

① 예전만 못한　　② 기억이 생생한
③ 손꼽아 기다린　　④ 가슴속에 간직한

[12] **다음은 광고의 일부입니다. (　　　　　　)에 알맞은 것을 고르십시오.**

이 나라를 위해 제대로 일하는 대통령!
국민과의 약속을 하나하나 소중히 실천하는 대통령!
국민 모두가 행복해지는 그날까지 최선을 다하는 대통령!
그런 대통령을 원하십니까?
대통령은 우리의 (　　　　　　) 결정됩니다.
소중한 한 표, 투표로 보여 줍시다.

① 투표에 의해　　② 투표로부터
③ 투표와 달리　　④ 투표면 투표

발음 Pronunciation

1. 잘 들어 보세요. track 10

1. 하늘의 별이 참 **예쁘다**.
2. 이 시계를 남자 친구한테 선물**받았다**.
3. 저는 이번에 4급을 마치고 역사학**과**에 진학하게 된 앨리스라고 합니다.

2. 잘 듣고 발음과 억양, 끊어 읽기에 주의하여 읽어 보세요. track 11

1. 떡볶이가 정말 **맛있다**.
2. 나 오늘 첫 월급 **받았다**.
3. 우리 반에는 중국 학생을 비**롯해**서 베트남, 스페인 등 여러 나라에서 온 친구들이 있었습니다.

3. 친구와 연습해 보세요. track 12

1. A : 맛있지? 나 혼자 요리책 보고 **만든 거다**.
   B : 너 실력 진짜 **좋다**. 나도 좀 가르쳐 줘.

2. 처음 한국에 왔을 때 **손짓**, **발짓**으로 의사소통을 하던 제가 이 자리에서 소감을 발표**할 정**도로 한국어 표현**력**이 좋아진 것은 여기 계신 선생님들과 친구들 덕분입니다. 마지막으로 여러분께 진심으로 감사하다는 인사를 드립니다.

듣기 Listening

track 13 내 점수 : / 12

[1–2] 다음 대화를 잘 듣고 이어질 수 있는 말을 고르십시오.

1. ① 설마 머리 길이가 짧겠어요?
② 거울이 좀 작기는 한 것 같네요.
③ 머리 길이가 짧을 리가 없잖아요.
④ 제가 보기에는 괜찮은 것 같은데요.

2. ① 보고서를 하루 만에 다 끝냈다고요?
② 보고서가 생각보다 빨리 끝난 셈이네요.
③ 아니, 뭐라고요? 아직도 못 끝냈다는 말이에요?
④ 설마 보고서를 이틀 만에 다 끝낼 수 있겠어요?

[3] 다음 대화를 잘 듣고 여자가 이어서 할 행동으로 알맞은 것을 고르십시오.

① 아주 친한 친구들만 만나도록 약속을 바꾼다.
② 친구들을 모아서 같이 만나도록 약속을 바꾼다.
③ 친구들을 한 명씩 만나도록 따로 약속을 정한다.
④ 전화를 해서 이번 주 약속을 모두 다음 달로 미룬다.

[4–5] 다음을 듣고 내용과 일치하는 것을 고르십시오.

4. ① 이번에 본 뮤지컬은 작년보다 더 재미있었다.
② 배우들이 연기를 잘 못해서 재미없었던 것 같다.
③ 옛날이야기를 현대적으로 바꿔서 만든 뮤지컬이다.
④ 옛날이야기는 오래된 이야기라서 지루할 수밖에 없다.

5. ① 남자는 친구와 오래전에 약속을 했었다.
② 여자는 번개 모임이 무슨 뜻인지 몰랐다.
③ 남자는 여자 친구와 갑자기 헤어지게 되었다.
④ 여자는 친구들과 자주 번개 모임을 하곤 한다.

[6] **다음을 듣고 남자의 중심 생각을 고르십시오.**

① 제사 때는 음식을 많이 준비해야 한다.
② 한국 사람들은 대부분 귀신의 존재를 믿는다.
③ 돌아가신 분들을 위해 제사를 지내는 것은 이상하다.
④ 제사는 가족들이 돌아가신 분을 생각하는 중요한 행사이다.

[7-8] **다음을 듣고 물음에 답하십시오.**

7. 프로그램에 대한 설명으로 맞는 것을 고르십시오.
① 과학에 대해 궁금한 것을 설명해 주는 프로그램이다.
② 일상생활 속의 고민을 상담을 통해 해결하는 프로그램이다.
③ 과학 원리를 생활 속에 활용하는 정보를 주는 프로그램이다.
④ 누구나 알고 있는 과학 상식을 실험을 통해 확인하는 프로그램이다.

8. 이 프로그램을 듣고 생활 속에서 잘 활용한 것을 고르십시오.

①

②

③

④
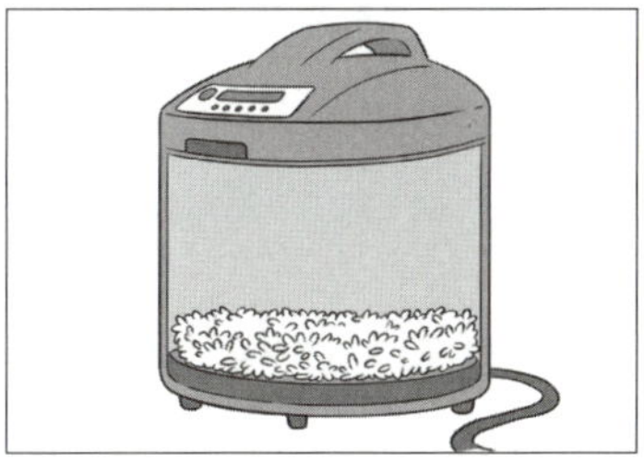

[9-10] **다음을 듣고 물음에 답하십시오.**

9. 남자의 태도로 맞는 것을 고르십시오.
① 아내에게 고마운 마음을 가지고 있다.
② 지금 생활이 어려워서 힘들어하고 있다.
③ 자식들이 찾아오지 않아서 허전해하고 있다.
④ 젊을 때 생활에 대해 불만족스러워하고 있다.

10. 들은 내용으로 맞는 것을 고르십시오.
① 남편이 음식을 잘해서 식당을 시작했다.
② 부부는 두 명의 자식과 세 명의 손자가 있다.
③ 아내는 식당에서 일하면서 항상 힘들다고 말했다.
④ 아내는 자기를 배려하는 남편의 마음을 잘 알고 있다.

[11–12] 다음은 강연입니다. 잘 듣고 물음에 답하십시오.

11. 여자의 생각으로 맞는 것을 고르십시오.
① 과학 기술이 발전해도 로봇은 기계일 뿐이다.
② 인공지능형 로봇에 대한 연구를 그만두어야 한다.
③ 지나친 로봇 사용은 심각한 부작용을 가져올 것이다.
④ 미래의 로봇은 인간이 하는 일을 완전히 대신할 것이다.

12. 현재 로봇이 실용화된 분야가 아닌 것을 고르십시오.
① 우주 개발에 활용되고 있다.
② 인간이 하는 일을 완전히 대신한다.
③ 공장에서 단순 반복적인 작업을 한다.
④ 병원에서 환자를 치료하는 수술을 대신한다.

읽기 Reading

제한 시간 20분 | 내 점수 : / 12

[1] 다음은 무엇에 대한 글인지 고르십시오.

> 올해는 결혼을! 지금 '만남'으로 오셔서 인연을 찾아보세요.
> 다양한 분들과 소중한 만남을 만들어 드립니다.

① 결혼 정보 회사 ② 결혼식 초대장 ③ 올해 결혼 파티 ④ 다양한 결혼 방법

[2] 다음 글의 내용과 같은 것을 고르십시오.

> **새해 첫 일출을 서울 별 센터와 함께!**
>
> 희망찬 새해를 맞이하는 행사! 밝게 떠오르는 일출을 보면서 새로운 희망을 기원합니다. 별 관측과 행운권 추첨 등 다양한 이벤트가 준비되어 있는 이번 행사에 관심이 있는 분들의 많은 참여 바랍니다.
>
> – 주요 행사
> 관측실(3층) : 일출 전 볼 수 있는 별 관측
> 우주공원(3층) : 해맞이 행사, 행운권 추첨
> 휴게실(1, 2층) : 실내에서 따뜻한 차 제공
>
> – 참가비 : 20,000원 (식사비 포함)
>
> 날씨에 따라 행사 내용이 변경될 수 있습니다.

① 서울 별 센터에서만 새해 첫 일출을 볼 수 있다.
② 서울 별 센터에 가면 별도 보고 차도 마실 수 있다.
③ 서울 별 센터에서 식사를 하려면 돈을 더 내야 한다.
④ 서울 별 센터의 모든 행사는 날씨와 상관없이 진행된다.

[3] **다음은 신문 기사의 제목입니다. 가장 잘 설명한 것을 고르십시오.**

공공 기관 서비스 질, 예전만 못해

① 공공 기관 서비스 질이 예전과 비슷하다.
② 공공 기관 서비스 질이 예전보다 안 좋아졌다.
③ 공공 기관 서비스 질이 날마다 좋아지고 있다.
④ 공공 기관 서비스 질이 예전에 비해 나아졌다.

[4] **다음을 순서대로 맞게 나열한 것을 고르십시오.**

(가) 사람들은 누구나 헤어질 시간이 되면 슬퍼하기 마련이다.
(나) 이 말은 만나면 언젠가는 헤어지게 되어 있고 떠난 사람은 다시 돌아온다는 뜻이다.
(다) 이 말대로라면 헤어지더라도 다시 만날 수 있을 테니 아쉬워할 필요가 없을 것이다.
(라) 그럴 때 해 줄 수 있는 말이 '회자정리, 거자필반'이라는 말이다.

① (가)–(나)–(라)–(다) ② (가)–(라)–(나)–(다)
③ (라)–(나)–(가)–(다) ④ (라)–(나)–(다)–(가)

[5–6] **다음을 읽고 (   )에 들어갈 내용으로 가장 알맞은 것을 고르십시오.**

5.

나는 운명을 믿지 않는다. 그렇지만 어떤 사람들은 우리의 미래는 이미 정해져 있다고 믿는다. 이들은 인연이라면 이미 정해진 운명에 따라 당연히 만나게 될 것이기 때문에 새로운 사람들과 친해지거나 좋은 친구를 찾기 위해 노력할 필요가 없다고 주장한다.

그렇지만 그런 운명만을 믿고 좋은 사람을 만나기 위해 아무런 노력도 하지 않는 것은 어리석은 일이라고 생각한다. 운명만을 믿으며 기다리기만 하다가는 나를 찾아온 진정한 인연을 놓칠 수도 있다. 그러므로 나의 인연을 무작정 기다릴 것이 아니라 (   ) 찾아야 한다.

① 조용히 ② 새롭게 ③ 운명처럼 ④ 적극적으로

6.

미국 한 마을에 해럴드 샌더스라는 사람이 있었다. 그는 50살이 되던 해 캔터키에 주유소를 차렸고 65살이 되었을 때 그곳에서 치킨도 만들어 팔았다. 그 후 주유소 영업이 잘되지 않아서 치킨을 팔러 미국 전 지역을 돌아다녔다. 여러 식당을 찾아갔지만 모두 나이 많은 할아버지의 치킨에 관심을 가지지 않았다. 그가 좌절하지 않고 찾아간 1,009번째 식당에서 마침내 치킨을 팔기로 했고 10년도 안 되어서 그 치킨은 미국과 캐나다에 600개가 넘는 가게에서 팔리게 되었다. 현재 세계적으로 유명해진 KFC는 바로 이렇게 탄생한 것이다. 이를 통해 (   )는 사실을 확인할 수 있다. 우리는 나이가 많다고 포기하지 말고 끊임없이 도전해야 한다.

① 도전은 어려야 가능하다
② 나이는 숫자에 불과하다
③ 다양한 일을 하는 것이 중요하다
④ 사람은 적성에 맞는 일을 해야 한다

[7] 다음 글에서 [보기]의 문장이 들어가기에 가장 알맞은 곳을 고르십시오.

(㉠) 적도에 가면 다른 장소에 비해 몸무게가 적게 나오는 이유는 무엇일까? (㉡) 지구의 모양은 축구공 같은 완벽한 구 모양이 아니라 옆으로 약간 긴 모양이다. (㉢) 그렇기 때문에 적도에서는 남극이나 북극에 비해 작용하는 중력의 힘이 조금 적다. (㉣) 따라서 중력이 조금 적게 작용하기 때문에 몸무게를 재면 수치가 약간 낮게 나오게 되는 것이다.

[보기] 그래서 지구의 중심에서 적도까지의 거리가 지구 중심에서 남극이나 북극까지의 거리보다 조금 더 길다.

① ㉠　　② ㉡　　③ ㉢　　④ ㉣

[8] 다음 글의 주제로 가장 알맞은 것을 고르십시오.

지난 3월 25일 한 중학교의 교실에서 UCC 발표회가 열렸다. 학생들은 자신들이 촬영하고 편집한 영상을 소개하는 시간을 가졌다. 엔딩 부분에서 시계 소리를 배경 음악으로 사용한 팀의 영상도 인상적이었으며 '흥부와 놀부'라는 동화를 재미있게 바꾼 또 다른 팀의 작품도 재미있었다.

지난 한 달간 학생들에게 UCC 제작을 지도한 교사는 "이런 활동을 경험하는 것은 학생들이 진로를 발견할 수 있는 기회가 될 것."이라고 말했다. 실제 UCC를 직접 만들어 본 한 학생은 "감독 역할이 재미있었으며 다양한 체험을 해서 좋은 것 같다."고 했다.

이처럼 학생들이 시험에 대한 부담을 덜고 자신의 진로를 고민할 수 있는 활동을 하는 프로젝트에 대해 학생은 물론이고 학부모와 교사들의 만족도도 높다. 이런 프로젝트는 책으로만 공부하던 학교 교육에 긍정적인 변화를 가져올 것으로 예상된다.

① 학생들에게 영화 제작을 교육해야 한다.
② 교사들은 여러 가지를 가르치는 능력이 필요하다.
③ 학생들에게 진로를 찾을 수 있는 기회를 줘야 한다.
④ 학부모와 교사의 만족도를 높이는 방법을 생각해야 한다.

[9-10] 다음을 읽고 물음에 답하십시오.

최근 한 텔레비전 광고의 내용이 아주 흥미롭다. 그 광고에서는 한 젊은 남자가 과속 운전을 하고 있었다. 그 남자는 경적을 울려 대면서 이리 저리 난폭하게 운전을 한다. 그러다가 자기 앞에서 천천히 가고 있던 한 노신사에게 빨리 비키라고 화를 내며 큰 소리로 욕을 한다. 그 젊은 남자가 좀 무례하다 싶었지만 노신사는 미안하다고 사과했고 젊은 남자는 들은 척도 안하고 서둘러 가 버린다. 고급스러운 레스토랑에 들어선 젊은 남자는 약혼녀와 기분 좋게 인사한다. 그 레스토랑에 조금 전 천천히 운전을 하던 노신사가 들어오고 약혼녀는 남자에게 그 노신사가 자신의 아버지라고 소개한다.

만약 당신이 그 젊은 남자라면 어떤 생각을 했을까? 그리고 그 노신사였다면 딸이 데리고 온 약혼자에 대해 어떤 인상을 가지게 되었을까? 내가 나쁘게 대했던 사람을 언제 어디에서 다시 만나게 될지 모른다.

9. 이 글의 내용과 같은 것을 고르십시오.
① 글에서 소개한 광고는 자동차 광고이다.
② 광고에서 젊은 남자는 노신사에게 사과했다.
③ 노신사와 젊은 남자는 좋은 인연을 만들었다.
④ 노신사의 딸과 젊은 남자는 결혼할 사이이다.

10. 이 광고의 내용과 관계있는 표현을 고르십시오.
   ① 세상이 참 좁다.
   ② 세월이 쏜살같다.
   ③ 무소식이 희소식이다.
   ④ 옷깃만 스쳐도 인연이다.

[11-12] 다음을 읽고 물음에 답하십시오.

아이스크림의 시작은 언제부터일까? 차가운 얼음에 와인이나 꿀을 섞어 먹었던 그리스 로마 시대보다도 더 옛날부터 아이스크림의 역사는 시작된다. 냉동 기술이 발명되기 전 아이스크림의 재료는 자연에서 얻을 수 있는 눈과 얼음이었다. 4000년 전 메소포타미아에는 얼음 저장고가 있었고, 기원전 1100년쯤 중국에서도 얼음을 저장했다는 기록이 있다. 한국도 신라 시대에 얼음 저장고를 만들었다고 한다. 그 시대의 아이스크림은 왕이나 귀족처럼 권력을 가진 사람들만 먹을 수 있는 귀중한 음식이었다.

귀족 음식이었던 아이스크림은 1840년대 미국의 낸시 존슨이 아이스크림 제조기를 발명하고, 1850년대 미국의 제이컵 퍼셀이 아이스크림 공장을 세우면서 많은 양을 만들어 낼 수 있게 되었다. 현재 세계적인 아이스크림 브랜드인 하겐다즈나 배스킨라빈스 등이 모두 미국 브랜드인 이유는 바로 ㉠이러한 배경 때문이다.

11. 이 글의 내용과 같은 것을 고르십시오.
   ① 그리스 로마 시대에 가장 처음 아이스크림을 먹었다.
   ② 냉동 기술이 발명되기 전에는 아이스크림이 존재하지 않았다.
   ③ 옛날 여러 나라에 얼음 저장고가 있었다는 기록을 찾을 수 있다.
   ④ 아이스크림은 왕이나 귀족뿐만 아니라 일반인도 먹을 수 있었다.

12. ㉠이러한 배경으로 알맞은 것을 고르십시오.
   ① 아이스크림은 1800년대에도 귀족 음식이었다.
   ② 많은 양의 아이스크림을 만들 수 있게 되었다.
   ③ 1840년에 아이스크림을 만드는 기계를 발명했다.
   ④ 아이스크림 제조기와 공장을 만든 사람이 미국 사람이다.

말하기와 쓰기 Speaking and Writing

1. 아래 자료를 보고 생각해 봅시다.

〈각국의 우주 개발 투자 비용〉

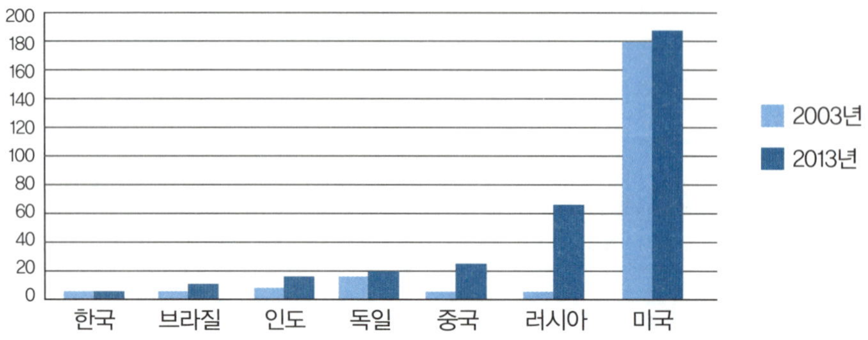

〈우주 개발 투자 비용을 늘려야 하는가〉

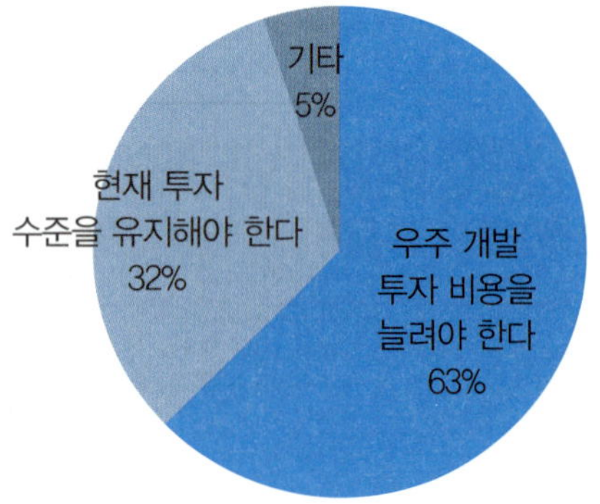

〈국민 1인당 부담하는 적절한 우주 개발 비용〉

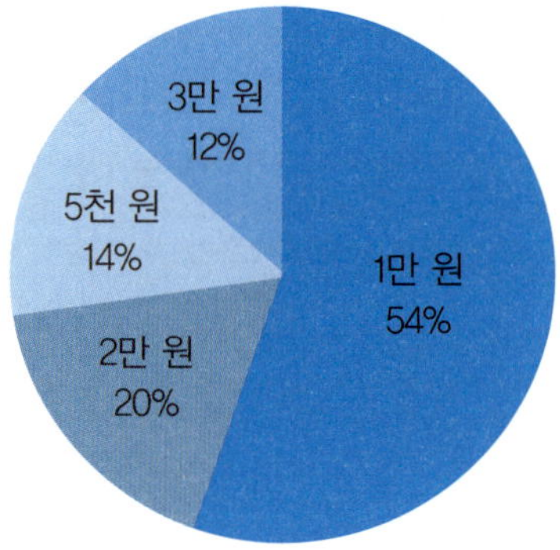

1) 나라별 우주 개발 비용은 어떤 변화가 있었습니까?

2) 여러분은 우주 개발을 위해 1년에 얼마까지 비용을 부담할 수 있습니까?

2. 친구와 이야기해 봅시다.

1) 우주 개발이 인류를 위해 필요하다고 생각합니까? 그렇게 생각하는 이유는 무엇입니까?

2) 국민들이 낸 세금을 우주 개발 비용으로 사용하는 것에 찬성합니까?

3) 우주 개발에 투자하는 비용을 다른 곳에 사용한다면 어떤 일을 하는 데에 사용하면 좋겠습니까?

3. 다음을 주제로 자신의 생각을 600~700자로 글을 쓰십시오.

지구상의 많은 나라들이 오래전부터 많은 돈을 투자해서 경쟁적으로 우주 개발에 나서고 있습니다. 하지만 우주 개발이 필요하다고 생각하는 사람들이 있는 반면에 우주 개발에 대해 부정적으로 생각하는 사람들도 적지 않습니다. 현재와 같은 우주 개발이 인류를 위해 필요하고 계속해야 한다고 생각합니까? 아니면 당장 해결해야 할 더 시급한 일이 있다고 생각합니까? 우주 개발에 대해 찬성과 반대 중 여러분의 입장을 선택하고 근거를 들어 써 보세요.

서론	주제를 다시 정리하여 쓰기 (자신의 입장 밝히기)	
본론	문단 1	우주 개발에 찬성/반대하는 이유 ① (근거를 들어 쓰기)
	문단 2	우주 개발에 찬성/반대하는 이유 ② (근거를 들어 쓰기)
결론	선제적인 요약과 정리하기	

복습 4

[1~2]
track 5 p.60

1. 남 : 회사를 옮기려다가 그냥 다니기로 했어요.
   여 : 그래요? 일이 많아서 힘들다더니 좀 괜찮아졌나 보네요.
2. 남 : 다음 주 월요일 모임에 못 갈지도 몰라요. 부모님이 오시거든요.
   여 : 그렇군요. 아쉽지만 할 수 없지요, 뭐.

[3]
p.60

여 : 실내화를 사야 하는데 인터넷으로 주문할까 해요. 시간을 절약할 수 있어서 편리하잖아요.
남 : 인터넷으로 사면 물건을 직접 볼 수 없어서 생각한 것과 다른 물건이 올 수도 있잖아요. 그래서 저는 물건 살 때 주로 동네 슈퍼에서 사요.
여 : 그렇기는 해요. 저도 생각한 물건과 다른 물건이 와서 환불한 적도 많아요.
남 : 동네 슈퍼에서 물건을 사면 동네 발전에 도움이 되기도 해요. 게다가 인터넷으로 주문하면 물건이 멀리서 오기 때문에 배달하느라 기름을 써야 해서 환경에도 안 좋대요.
여 : 아, 그런 면도 있군요. 그럼 저도 마이클 씨처럼 해야겠어요.

[4~5]
p.60

4. 여 : 한국 사람들은 처음 만나는데도 몇 살인지 누구랑 어디에 사는지 같은 개인적인 사생활을 물어보는데 그럴 때 참 곤란해요.
   남 : 맞아요. 저도 처음에 이상하다고 생각했는데 한국 친구에게 물어보니까 그게 상대방과 친해지고 싶다는 관심의 표현이래요.
   여 : 그래도 만나자마자 나이를 물어보는 건 실례 아니에요?
   남 : 그렇게 생각할 수도 있지만 그건 나이에 따라서 반말을 쓸지 존댓말을 쓸지 정해야 하는 한국말 때문인 것 같아요.
5. 남 : 결혼식을 축하하러 온 손님이 많네요. 축하한다고 보낸 꽃 장식도 엄청 많고요.
   여 : 정말 그렇네요. 그런데 꽃 장식은 한 번 사용하면 버려야 하니까 낭비인 것 같아요.
   남 : 맞아요. 그래서 요즘은 꽃 장식 대신 쌀을 보내 축하하기도 한대요.
   여 : 쌀로 축하를요? 그럼 쌀로 밥을 해 먹을 수 있으니까 한 번 쓰고 버리는 꽃보다는 낫겠네요.
   남 : 그래도 되지만 보통은 시민 단체에 기부를 해서 가난한 사람들을 돕는데 쓰는 경우가 많다고 해요.

[6]
p.61

여 : 요즘 배우 김수연이 인터넷에 올라오는 댓글 때문에 마음 고생이 심하대요.
남 : 저도 신문 기사에서 읽었어요. 연예인치고 인터넷 댓글 때문에 상처 안 받은 사람이 없다고 하더라고요. 어떤 연예인은 사람들을 만나는 것마저 무서워한다고 그러던데요.
여 : 인기가 있으면 사람들 관심 때문에 그런 일이 일어나기 마련이지만 얼굴이 안 보인다고 생각 없이 다른 사람에게 나쁜 말을 하는 건 안 된다고 봐요.
남 : 맞아요. 인터넷에서도 예의를 지켜야지요.

[7~8]
p.61

발표자 : 혹시 여러분은 어렸을 때 금도끼 은도끼 이야기를 들어본 적이 있습니까? 옛날 옛날에 어느 산속 마을에 가난하지만 정직한 나무꾼이 살고 있었습니다. 어느 날 나무꾼이 나무를 하다가 실수로 도끼를 호수에 빠뜨리고 호숫가에 앉아 울고 있었습니다. 이때 산신령이 나타나 나무꾼에게 도끼를 보여 주고 어느 도끼가 네 도끼냐고 물었습니다. 정직한 나무꾼은 금도끼와 은도끼는 자기 도끼가 아니고 쇠도끼만 자기 도끼라고 솔직하게 말했습니다. 감동을 받은 산신령은 나무꾼에게 도끼 세 개를 모두 선물로 주었습니다. 이 이야기를 들은 욕심 많은 나무꾼도 정직한 나무꾼을 따라 해 보려고 했으나 욕심을 내다가 결국 도끼를 모두 잃어버리게 된다는 이야기입니다. 옛날이야기에는 착한 사람은 복을 받고 나쁜 사람은 벌을 받는다는 내용이 많은데 우리는 이 이야기에서도 그런 사실을 확인할 수 있습니다.

[9–10] p.62

앵커 : 뉴스 특보입니다. 며칠째 계속되는 폭설로 인해 시내 교통이 마비된 상황입니다. 시민 여러분께서는 특별한 일이 없으면 외출을 삼가고 집에서 텔레비전이나 라디오 방송에 귀를 기울여 주시기 바랍니다. 또한 각 초등학교 · 중학교 · 고등학교는 오늘부터 삼 일 동안 휴교에 들어갑니다. 학부모들께서는 아이들을 학교에 보내지 마시고 안전하게 집에서 지낼 수 있도록 해 주시기 바랍니다. 기상청에 의하면 열흘 간 계속된 이번 눈은 백이십 년 만의 폭설로 쌓인 눈이 무려 110cm를 기록했다고 합니다. 지금 현재 시내 곳곳에서 피해 상황이 발생하고 있는데 집 주변이 폭설로 피해를 입지 않도록 특별히 주의해 주시기 바랍니다.

[11–12] p.62

여 : 우리 회사에 지역 단체를 후원할 돈이 있다면 저는 당연히 환경 단체에 기부해야 한다고 생각합니다. 작년에 우리 회사에서 나온 폐수가 강으로 흘러 들어가는 바람에 사람들에게 환경을 오염시킨다는 비난을 받았습니다. 그런 부정적인 이미지를 씻어버리기 위해서도 지역의 환경 단체에 기부하는 것이 맞습니다.

남 : 우리가 환경 단체에 기부한다면 사람들은 잊어버렸던 우리의 실수를 다시 떠올리게 될지도 모릅니다. 그래서 저는 예술 단체에 후원을 하는 게 더 좋다고 생각합니다. 날씨가 좋은 날 공원에서 야외 음악회를 하면 사람들이 맑은 공기 속에서 음악을 즐기면서 저절로 우리 회사에 대한 이미지가 좋아지게 될 것입니다.

여 : 예술보다는 우리의 환경이 더 중요합니다. 오염된 환경 속에서 예술을 하는 것은 무의미한 일입니다. 대기 오염, 토지 오염, 동물 보호 등 아직 환경을 위해 우리들이 할 일이 얼마나 많은지 아십니까?

복습 5

[1–2] track 9 p.118

1. 남 : 이런, 치약이 다 떨어졌네.
   여 : 내가 마트에 가서 사 올게. 다른 건 필요 없어?
2. 남 : 이번 여름휴가 때는 설악산에 가서 조용히 쉴 생각이야.
   여 : 조용하게 쉬고 싶으면 산보다는 바다가 낫지 않아?

[3] p.118

남 : 다음 달에 유럽으로 여행 간다면서요? 준비는 많이 했어요?

여 : 네. 비행기 표도 예약했고, 숙소도 다 정했어요.

남 : 좋겠네요. 요즘 환율도 좋다던데 돈도 미리 바꿔 놓았죠?

여 : 전 현지에 가서 바꿀 생각이었는데요.

남 : 한국에서 바꿔 가는 게 편할 거예요.

여 : 그래요? 알아봐야겠네요.

[4–5] p.118

4. 여 : 새 아파트로 이사했다면서요? 새집으로 이사 가니까 어때요?
   남 : 아, 네. 새집이라 깨끗해서 좋기는 한데, 페인트 냄새가 나는 데다가 먼지도 많이 나서 머리가 좀 아프더라고요.
   여 : 새집증후군 때문이군요. 보통 새로 지은 집에 바로 들어가면 그렇대요. 낮에 창문을 열어 두고 맑은 공기가 집 안으로 들어오게 하면 좋을 텐데요.
   남 : 겨울이라 계속 창문을 열어 두기는 어렵잖아요. 뭐 좋은 방법이 없을까요?
   여 : 그럼, 실내에 식물을 길러 보세요. 공기도 맑게 하고 습도도 조절해 준다던데요.
5. 여 : 뉴스 들었어? 내년에 대학 등록금이 20% 정도 인상될 거래.
   남 : 뭐라고? 정확한 뉴스 맞아? 그렇게 갑자기 많이 오를 리가 없잖아.
   여 : 아냐. 학교에 따라 차이는 있겠지만 적어도 인상률이 15% 정도는 될 거라고 하던데?
   남 : 말도 안 돼. 그럼, 내 아르바이트 월급만큼 오르는 셈이잖아. 이제 어떻게 학비를 마련하지? 밤낮없이 일만 해야 하나?
   여 : 난 다음 학기에는 쉬면서 아르바이트만 할까 생각 중이야.

[6] p.119

남 : 오늘 강남에 새로 생긴 헬스장에 등록하러 갈 건데 너도 같이 가 볼래?

여 : 아, 거기 요즘 광고 많이 하더라. 근데 거기 비싸지 않아?

남 : 좀 비싼 편이긴 해도 강사가 일대일로 가르쳐 줘서 운동 효과가 좋다더라고.

여 : 큰돈을 들여서 헬스장에 다니느니 차라리 매일 가까운

공원에서 자전거를 타는 게 낫지 않아? 너 지난번에도 헬스장이 멀어서 며칠 다니다가 포기했잖아. 내 생각에는 네 의지가 문제인 것 같은데.

[7–8]

p.119

요리 강연자 : 안녕하세요, 오늘의 요리 가족 여러분. 주말까지는 날씨가 약간 쌀쌀했는데 오늘 아침에는 봄답게 포근한 날씨여서 참 좋습니다. 출근하는 길에 보니 벚꽃이 바람에 날려서 꽃눈이 내리는 것 같았습니다. 저는 봄이 되면 항상 가족들에게 해 주는 음식이 있는데요, 바로 쑥 된장국입니다. 만들기도 간단한 데다가 아침 식사로 먹기에 부담도 없는 음식이어서 가족들도 참 좋아합니다. 무엇보다도 입안에서 퍼지는 쑥 향기로 봄을 느낄 수 있지요. 자, 그럼 재료를 한번 살펴볼까요?

[9–10]

p.119

남 : 최근 통계청에서 발표한 결과를 보면 남성들의 인터넷 쇼핑 비율은 줄어든 반면 여성들의 인터넷 쇼핑 비율은 꾸준히 늘고 있는 것으로 나타났습니다. 이 조사에 의하면 인터넷 쇼핑이 활발해지기 시작한 2001년에는 총 구매자 중 남성의 비율이 78%였고 여성의 비율은 22%에 불과했습니다. 인터넷 쇼핑 구매자 5명 중 4명은 남성 구매자였던 셈입니다. 그러나 그 이후 남성 구매자의 비율은 급격히 줄어들어서 2005년에는 51%, 2010년에는 39%, 2014년에는 34%만이 남성 구매자였습니다.

여성 구매자가 늘어나면서 인터넷 쇼핑의 주요 거래 품목도 달라졌습니다. 2001년에는 컴퓨터가 가장 많이 판매되는 물건이었으나 2014년에는 화장품이 20%로 1위를 차지했습니다. 2위는 의류로 16.5%, 3위는 여행 상품 11%였고, 컴퓨터의 판매는 7%에 불과했습니다.

[11–12]

p.120

과학자 1 : 인간들이 더 편하게 살기 위해 자연을 마음대로 사용했고 그 결과 많은 동물이 멸종됐습니다. 우리가 동물이 멸종되기를 바란 것은 아니었지만 결과적으로 여러 동물을 사라지게 만들었으므로 이제는 책임을 져야 한다고 생각합니다. 그래서 저는 멸종된 동물을 실험실에서 다시 되살리는 이번 프로젝트에 적극적으로 찬성합니다.

과학자 2 : 그 문제는 그렇게 쉽게 생각할 문제가 아닙니다. 물론 우리 인간들 때문에 여러 동물들이 사라진 것은 안타깝지만 이미 멸종된 동물을 다시 만들어내는 것은 올바른 해결 방법이라고 생각하지 않습니다. 앞으로 동물을 보호하는 방법을 찾아야지 이미 사라진 동물을 살리는 데에 돈과 노력을 쏟는 것은 낭비입니다. 저도 과학자로서 매우 흥미로운 프로젝트라고 생각하기는 하지만 현실적으로는 찬성할 수가 없습니다.

복습 6

[1–2]

track 13 p.168

1. 남 : 왜 자꾸 거울을 봐요? 머리 모양이 마음에 안 들어요?
   여 : 마음에 안 든다기보다는 길이가 좀 짧다 싶어서요.
2. 남 : 오늘까지 제출하라고 했던 보고서는 다 준비됐지요?
   여 : 그게 저, 생각보다 시간이 많이 걸리는데요. 하루 이틀 시간이 더 필요할 것 같습니다.

[3]

p.168

여 : 요즘 약속이 많아서 힘들어요. 다음 달에 고향에 돌아가니까 가기 전에 친구들을 다 만나야 해서 이번 주에도 매일 약속이 있어요.

남 : 그냥 친한 친구들만 만나면 되잖아요.

여 : 그래도 언제 다시 만날 수 있을지 모르니까 다 만나고 가지 않으면 서운할 것 같아서요.

남 : 그럼 아는 친구들을 같이 모아서 한꺼번에 만나면 어때요? 한 명씩 만나니까 힘들잖아요.

여 : 아, 그것도 좋은 생각이네요. 다시 연락해 봐야겠어요.

[4–5]

p.168

4. 남 : 이번 뮤지컬 공연은 어땠어요? 재미있었어요?
   여 : 작년에 본 공연만 못했어요. 작년 공연은 정말 재미있었는데.
   남 : 왜요? 배우들이 연기를 잘 못했어요?
   여 : 배우들이 연기를 잘 못했다기보다는 내용이 지루했던 것 같아요. 옛날이야기를 현대적으로 바꿨다던데 제가 그 옛날이야기를 잘 모르니까 감동이 덜 했던 것 같아요.

5. 남 : 오늘 저녁에 번개 모임이 생겨서 일찍 집에 들어가기는 힘들 것 같아요.

여 : 번개 모임이오? 그게 뭔데요?

남 : 친구가 오랫동안 사귀던 여자 친구랑 헤어졌는데 마음이 안 좋겠다 싶어서 위로해 주려고 친한 친구 몇 명이 모이기로 했어요.

여 : 제 말은 그러니까 그게 왜 번개 모임이냐고요? 번개는 천둥칠 때 하늘에 번쩍거리면서 빛이 나는 거 아니에요?

남 : 맞아요. 그래서 미리 정해 놓은 약속이 아닌데 누군가 갑자기 모이자고 연락해서 곧바로 만나는 모임이 번개 모임이에요.

[6]

p.169

남 : 오늘 돌아가신 할머니 제사라서 집에 일찍 가야 돼요.

여 : 제사요? 제사 때는 돌아가신 분이 와서 드시라고 음식을 많이 준비한다던데 저는 좀 이상해요. 한국 사람들은 정말 돌아가신 분이 오실 거라고 생각하는 거예요?

남 : 하하하. 진짜로 오실 거라고 생각해서 제사를 지낸다기보다는 돌아가신 분을 생각하면서 가족들끼리 옛날 살아 계실 때의 추억을 나누는 데 더 의미가 있지요. 그래서 한국 사람에게는 제사가 아주 중요한 가족 행사예요.

여 : 그렇군요. 저는 한국 사람들이 귀신이 실제로 존재한다고 생각하는 줄 알았어요.

[7–8]

p.169

여 : 안녕하세요? 생활 속의 과학 상식 시간입니다. 생활 속에서 쉽게 활용할 수 있는 과학 상식에 대해 소개해 드리는 시간인데요. 오늘도 몇 가지 과학 원리와 함께 활용법을 소개해 드리겠습니다. 먼저 밥을 해서 다 먹지 못하면 밥솥에 보관하는 일이 있을 텐데요. 이때 밥을 가운데로 모아 주시면 밥이 더 맛있습니다. 왜냐하면 밥솥 바깥벽이 온도가 더 높기 때문에 바깥벽에 닿으면 수분이 날아가서 밥이 뻣뻣해지기 쉽기 때문입니다. 다음으로 유리창을 닦을 때 물걸레로 닦으면 나중에 얼룩이 남기 쉬운데요. 이럴 때는 신문지를 이용해서 닦아 보세요. 신문지의 기름 성분이 유리창의 먼지를 녹여서 깨끗하게 해 준답니다. 마지막으로 가끔 컵이 두 개가 겹쳐서 안 빠질 때가 있는데요. 이럴 때는 안쪽 컵에는 차가운 물을 붓고 바깥쪽은 뜨거운 물에 담가 보시기 바랍니다. 바깥쪽 컵이 늘어나면서 컵이 쉽게 분리될 것입니다.

[9–10]

p.169

할아버지 : 여보, 우리가 결혼한 게 엊그제 같은데 벌써 사십 년이 흘렀네요. 세월이 참 쏜살같군요. 젊을 때는 당신이 그렇게 예쁘고 고왔는데 벌써 손자를 둘이나 둔 할머니가 되다니 믿을 수가 없어요.

할머니 : 그래도 당신 만나서 행복하게 잘 살았어요. 첫 직장 다니다가 당신 힘들다고 그만두었을 때는 참 막막했었지요. 내 음식 솜씨만 믿고 식당을 시작했는데 처음에는 손님이 없어서 고생도 많이 했어요.

할아버지 : 그래도 열심히 하니까 차츰차츰 단골손님도 늘고 그 덕분에 셋이나 되는 우리 아이들 대학까지 공부시킬 수 있었잖아요. 그러느라 당신이 고생 많이 했지요. 그래도 힘들다는 불평 한 번 안 하고. 내가 미안하고 고맙고 그래요.

할머니 : 당신 마음 잘 알아요. 당신이 내가 힘들까 봐 내가 잠자는 사이에 혼자 몰래 일어나 식당 정리도 하고 반찬거리도 미리 손질해 놓곤 했잖아요. 내가 어떻게 힘들다는 말을 할 수 있었겠어요? 이제는 다 좋은 추억거리로 남았네요.

[11–12]

p.170

발표자 : 다양한 분야에서 로봇의 사용이 점점 늘어나고 있습니다. 자동차를 만드는 등의 단순하게 반복되는 작업에 로봇을 사용하기 시작한 것은 벌써 오래전 이야기이고 병원에서 수술을 대신해 주는 로봇도 이미 실용화되었으며 우주 개발에도 로봇이 적극적으로 활용되고 있습니다. 더 나아가 최근에는 과학자들에 의해 사람들이 머리를 써서 하던 일을 대신할 수 있는 인공지능형 로봇에 대한 연구도 활발히 진행되고 있습니다. 우리가 영화에서 보던 로봇의 시대가 더 이상 아주 먼 이야기가 아닐지도 모릅니다. 그러나 인간이 하는 일을 로봇이 완전히 대신할 수 있는가에 대해서 부정적으로 생각하는 사람들도 많습니다. 아무리 과학 기술이 발달한다 하더라도 로봇은 단지 기계에 불과하기 때문입니다. 그러므로 우리는 너무 로봇에만 모든 것을 의지해서는 안 됩니다.

모범 답안 Answer key

10과 옛날이야기와 신화

어휘 p.16

연습 1 2) 참을성이 많은 낙타
3) 겁이 많은 아기 사자
4) 영리한 코끼리
5) 욕심이 많은 고양이
6) 의리가 있는 고래

연습 2 1) 복수를 했다
2) 벌을 받았다
3) 놀림을 받았다
4) 은혜를 갚았다

연습 3 1) 청개구리 같았네요
2) 호랑이 같은 감독님이네요
3) 곰 같은 성격 때문에 걱정이겠네요
4) 여우같이 행동할 때도 필요하지요

문법과 표현

1. A/V-(으)ㄹ 리(가) 없다 p.18

연습 1 1) 재미없을 리가 없어
2) 안 올 리가 없어
3) 못 볼 리가 없어
4) 돈이 남을 리가 없어

연습 2 1) 지난달에 샀는데 벌써 고장이 났을 리가 없어요
2) 지금 오후 4시인데 벌써 문을 닫았을 리가 없어요
3) 어제 발목을 삐었는데 일 등 했을 리가 없어요
4) 두 사람이 오늘도 점심을 같이 먹었는데 헤어졌을 리가 없어요

연습 3 1) 벌써 다 했을 리가 있겠어
2) 내가 가져왔을 리가 있겠어
3) 안 받았을 리가 있겠어
4) 벌써 일어났을 리가 있겠어

2. V-기(가) 무섭게 p.19

연습 1 1) 침대에 눕기가 무섭게 잠이 들
2) 전화를 받기가 무섭게 밖으로 나갔
3) 집에 오기가 무섭게 컴퓨터를 켜
4) 내 얼굴을 보기가 무섭게 화를 냈

연습 2 1) 문이 열리
2) 침대에 눕
3) 식탁에 앉
4) 전화벨이 울리
5) 나하고 헤어지

3. N 만에 p.21

연습 1 1) 달리기를 시작한 지 10분 만에
2) 씨를 심은 지 이틀 만에
3) 잠든 지 100년 만에
4) 여행을 떠난 지 한 달 만에

연습 2 1) 2시간 만에 고향에 도착했어요
2) 한 시간 만에 다 읽었어요
3) 10초 만에 알아맞혀
4) 5분 만에 다 먹어 버렸어

4. A/V-(으)나 p.22

연습 1 2) 이번 사고에 대해 경찰이 조사하고 있으나 아직 범인이 잡히지 않았다
3) 작년에 비해 물가가 많이 올랐으나 월급은 오르지 않아서 생활하기 힘들다
4) 그 정책에 대해 많은 사람들이 반대했으나 정부는 그대로 실시하겠다고 발표했다

연습 2 1) 일기 예보에서 태풍이 올 거라고 했으나 비는 전혀 오지 않았다
2) 내가 약속 시간에 30분 늦게 도착했으나 친구가 기다리고 있었다
3) 동생은 영리하게 행동할 줄 아나 나는 그렇지 않다
4) 모두 그 사람이 겁이 많다고 생각하나 누구보다 용감한 사람이다

연습 3 1) 황새는 음식을 먹을 수 있었으나 여우는 먹을 수 없었다.
2) 엄마 개구리는 산으로 가라고 했으나 아들 개구리는 강으로 갔다.
3) 토끼는 잠을 잤으나 거북이는 열심히 달렸다.
4) 베짱이는 신나게 놀았으나 개미는 쉬지 않고 일을 했다.

11과 언어와 생활

어휘 p.28

연습 1 1) 유행어를 따라 할
2) 줄임말을 써 버릇하
3) 욕을 해 대
4) 외래어를 사용할

연습 2 1) 오해가 생긴
2) 기분이 상했다
3) 의사소통이 잘되
4) 대화가 끊기
5) 표현이 풍부해진
6) 친근한 느낌이 들

연습 3 1) 기억력
2) 이해력
3) 상상력
4) 표현력
5) 어휘력

문법과 표현

1. A/V-더라고(요) p.30

연습 1 1) 불국사가 정말 멋있더라고요.
2) 이야기해 보니 성격이 참 좋은 사람이더라고요.
3) 소설 내용이 너무 슬프더라고요.
4) 사용하기가 쉽지 않더라고요.

연습 2 1) 노래 실력이 보통이 아니더라고요
2) 둘이 서로 싸우더라고
3) 서로 조심하지 않고 말을 하더라고요
4) 생각보다 많이 덥지는 않더라고요

연습 3 1) 다문화센터에서 한다더라고요
2) 아이들에게 베트남어를 가르친다더라고요
3) 친구가 도와 달라고 해서 시작했다더라고요
4) 고향에 갈 때까지 계속할 거라더라고요

2. N치고 p.32

연습 1 1) 인형을 싫어하
2) 남대문을 모르
3) 문자 메시지를 안 보내
4) 일찍 일어나

연습 2 1) 소설 좋아하는 사람
2) 이 책으로 공부한 학생
3) 사과를 많이 먹는 사람
4) 아침마다 운동하는 사람

3. A-다는 것은 N에서/N(으)로 알 수 있다,
V-ㄴ/는다는 것은 N에서/N(으)로 알 수 있다 p.33

연습 1 2) 한국 문화가 외국에서도 인기가 많다는 것은 외국 사람들이 한국 드라마를 많이 본다는 점으로 알 수 있습니다.
한국 문화가 외국에서도 인기가 많다는 것은 한국어를 배우는 외국인이 많다는 것으로 알 수 있다.
3) 한국 사람이 커피를 좋아한다는 것은 하루에 두 잔 이상 마시는 사람이 많다는 것에서 알 수 있습니다.
한국 사람이 커피를 좋아한다는 것은 커피숍이 많다는 것으로 알 수 있다.
4) 한국 사람들이 일을 많이 한다는 것은 많은 사람들이 주말에도 일한다는 것으로 알 수 있습니다.
한국 사람이 일을 많이 한다는 것은 늦게 퇴근하는 사람이 많다는 것으로 알 수 있다.

연습 2 1) 그 영화의 인기는 극장 관객 수로 알 수 있다. 또 사람들의 평가로도 확인할 수 있다
2) 그 사람의 성격이 급하다는 것은 그 사람의 말로 알 수 있다. 또 운전할 때의 습관에서도 알 수 있다
3) 봄이 왔다는 것은 기온이 높아진 것으로 알 수 있다. 또 여자들의 옷차림으로도 알 수 있다

4. N에 의하면 p.34

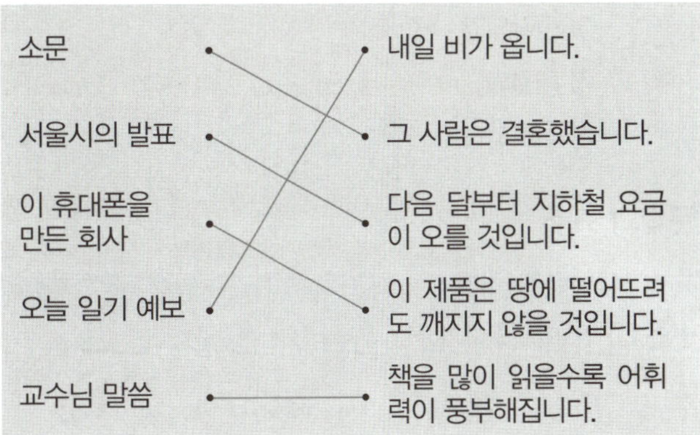

연습 1 2) 서울시의 발표에 의하면 다음 달부터 지하철 요금이 오를 거라고 합니다
3) 이 휴대폰을 만든 회사에 의하면 이 제품은 땅에 떨어뜨려도 깨지지 않을 거라고 합니다

4) 오늘 일기 예보에 의하면 내일 비가 온다고 합니다

5) 교수님 말씀에 의하면 책을 많이 읽을수록 어휘력이 풍부해진다고 합니다

연습 2 1) 세계 인구 보고서에 의하면 영국 런던에는 1890년 인구가 4백만 명이었다고 합니다

2) 한국 드라마 사전에 의하면 한국 드라마 중 시청률 1위인 것은 KBS의 '첫사랑'이라는 드라마라고 합니다

3) 서울신문에 의하면 사라 장은 4살 때 처음 바이올린을 시작하였다고 합니다

12과 소중한 환경

어휘 p.40

연습 1 1) 수질 오염, 폐수

2) 토양 오염, 일회용품

3) 이상 기후, 지구 온난화

4) 대기 오염, 매연

연습 2 1) 음식물 쓰레기를 줄입

2) 종이를 아껴

3) 캔을 버리

4) 유리병을 재활용하

5) 환경을 보호해

6) 물을 낭비하

연습 3 1) 오염되었

2) 파괴될

3) 중단되었

4) 해결되

5) 취소되었

문법과 표현

1. V-(으)려다(가) p.42

연습 1 1) 마시려다가

2) 나가려다가

3) 포기하려다가

4) 그만두려다가

연습 2 1) 도서관에 가려다가 피곤해서 낮잠을 잤어요

2) 걸어오려다가 지각할까 봐 택시를 타고 왔어요

3) 식당에 가려다가 그냥 혼자서 라면을 먹었어요

4) 가져오려다가 무거워서 놓고 나왔어요

2. A/V-(으)ㄹ지도 모르다 p.43

연습 1 1) 캄캄할지도 몰라요

2) 진지할지도 몰라요

3) 무서울지도 몰라요

4) 많이 나올지도 몰라

연습 2 1) 와 있을지도 몰라

2) 사람이 많이 없을지도 몰라

3) 싫어할지도 몰라

4) 놓고 내릴지도 몰라

연습 3 1) 이메일을 못 봤을지도 몰라

2) 눈치 챘을지도 몰라

3) 반칙을 했을지도 몰라

4) 몰랐을지도 몰라요

3. A-(으)ㄴ가?, V-는가? p.45

연습 1 1) 왜 여름이 점점 더워지는가

2) 수돗물을 꼭 끓여서 마셔야 하는가

3) 실업 문제를 어떻게 해결해야 하는가

4) 아이들은 하루에 몇 시간 자는 게 좋은가

5) 이번 정책의 가장 큰 문제점은 무엇인가

6) 전기를 누가 처음 발명했는가

연습 2 1) 이 문제를 누가 해결할 것인가

2) 누가 여기에 담배꽁초를 버렸는가

누가 담배를 이렇게 많이 피웠는가

3) 어떻게 하면 물 사용을 줄일 수 있는가

왜 수돗물을 아끼지 않는가

4) 왜 종이를 낭비하는가

하루에 종이를 얼마나 사용하는가

4. N마저 p.46

연습 1 1) 빵마저

2) 천 원짜리마저

3) 너마저

4) 날씨마저

연습 2 1) 학교 식당마저 문을 닫았다

2) 마실 물마저 부족하다

3) 왼손마저 다쳤다

4) 수학 시험마저 망쳤다

연습 3 1) 마지막 지하철마저 떠나 버렸다
2) 목소리마저 안 나왔다
3) 가족들마저 네 말을 안 믿을 것이다
4) 마실 물마저 떨어졌다
5) 화장실 갈 시간마저 없다

복습 4 어휘와 문법

연습하기

p.52

1. 1) 놀림을 받다
2) 겁이 많다
3) 참을성이 있다
4) 영리하다

2. 1) 친근함이 느껴진다
2) 줄임말을 써 버릇하면
3) 의사소통이 잘되는
4) 재활용하면

3. 1) 아끼시던, 아껴서
2) 끊겼다, 끊길
3) 줄이면, 줄이고
4) 상한다, 상하

4. 1) 취소됐
2) 오염시킬
3) 파괴된
4) 해결해

평가하기

p.56

1. ④ 2. ② 3. ④ 4. ③ 5. ② 6. ③ 7. ① 8. ①
9. ④ 10. ① 11. ② 12. ③

복습 4 듣기

p.60

1. ③ 2. ③ 3. ④ 4. ② 5. ② 6. ① 7. ①
8. 1-3-6-5-2-4 9. ② 10. ① 11. ③ 12. ④

복습 4 읽기

p.63

1. ① 2. ③ 3. ③ 4. ③ 5. ② 6. ① 7. ② 8. ④
9. ③ 10. ④ 11. ② 12. ④

13과 여행의 즐거움

어휘

p.74

연습 1 1) 들판이 끝없이 펼쳐져 있어요.
2) 높은 빌딩이 줄지어 서 있어요.
3) 거리가 낙엽으로 가득해요.
4) 하늘이 빨갛게 물들었어요.
5) 꽃향기가 바람에 날려요.

①

②

③

④

⑤

연습 2 1) 마음이 차분해진다
2) 가슴이 뻥 뚫리는
3) 머리가 맑아지
4) 기분이 상쾌해졌다

연습 3 1) 말없이
2) 끊임없이
3) 수없이
4) 끝없이
5) 밤낮없이

문법과 표현

1. N(이)면 N, N(이)면 N p.76

연습 1 1) 역사면 역사, 철학이면 철학
2) 분위기면 분위기, 커피 맛이면 커피 맛
3) 급여면 급여, 휴가면 휴가
4) 성격이면 성격, 외모면 외모

연습 2 1) 발라드면 발라드, 재즈면 재즈
2) 산이면 산, 바다면 바다
3) 한식이면 한식, 중식이면 중식
5) 영어면 영어, 일본어면 일본어

2. V-는 김에 p.77

연습 1 1) 출장 가는 김에
2) 예약하는 김에
3) 만드는 김에
4) 만나는 김에

연습 2 1) 과자를 굽는 김에 빵도 만들었어요

2) 파마하는 김에 염색도 했어요
3) 양복을 맡기는 김에 셔츠도 맡겼어요
4) 고향 가는 기차표를 사는 김에 돌아오는 기차표도 예매했어요

연습 3 1) 학교에 온 김에 동아리 방도 가 보려고요
2) 나온 김에 영화 한 편 보고 싶어요
3) 출장 간 김에 구경도 했어요
4) 만난 김에 청첩장을 줬어요

3. V-느니 차라리 p.79

연습 1 1) 배를 타고 가느니 차라리
2) 매일 싸우느니 차라리
3) 거짓말을 하느니 차라리
4) 무시당하면서 일하느니 차라리

연습 2 1) 개구리와 결혼하느니 차라리 혼자 살겠어요.
2) 그렇게 더러운 신발을 신느니 차라리 맨발로 다니는 게 나아요.
3) 그렇게 이상한 스프를 먹느니 차라리 굶겠어요.
4) 고양이 옆에 앉아서 공부하느니 차라리 학교에 안 다니겠어요.

4. N과/와 달리 p.80

연습 1 1) 올해는 작년과 달리 여행 가는 사람이 별로 없대요
2) 고등학교 때와 달리 수업 시간을 자기가 정할 수 있대요
3) 개는 다른 동물과 달리 사람을 잘 따라요
4) 이 화가는 다른 화가와 달리 손으로 그림을 그려요

연습 2 1) 소문과 달리 맛이 없더라고요
2) 기대했던 것과 달리 재미가 없었어요
3) 첫인상과 달리 성격이 별로였어요
4) 처음 갔을 때와 달리 작아 보이더라고요

14과 숫자의 세계

어휘 p.86

연습 1 2) 20대에서 60대 성인 500명을 대상으로 조사했다
3) 무슨 색깔을 좋아하는지에 대해 질문했다
4) 응답자의 30%는 흰색을 좋아한다고 응답했다
5) 빨간색을 좋아한다는 대답이 절반 이상을 차지했다

연습 2 2) 다음 달부터 기름값이 리터당 100원 오른대요.
3) 작년에 비해 컴퓨터 가격이 10% 정도 내렸대요.
4) 최근 돼지고기 소비가 줄어들었대요.

연습 3 1) 인상률
2) 확률
3) 비율
4) 경쟁률
5) 환율

문법과 표현

1. N에 따라(서) p.88

연습 1 1) 기차 종류
2) 나이
3) 기차 종류
4) 목적지

연습 2 1) 나라에 따라 만두 모양이 다른가 봐요
2) 일의 종류에 따라 달라지겠지요
3) 혈액형에 따라 성격이 다르다고 하던데요
4) 사람에 따라 공부 습관이 다르잖아요

연습 3 1) 가느냐에 따라 달라요
2) 넣느냐에 따라 달라요
3) 만드느냐에 따라 달라요
4) 몇 시에 가느냐에 따라 달라요
5) 집이 어디에 있느냐에 따라 달라요

2. A-(으)ㄴ 데다(가), V-는 데다(가) p.90

연습 1 1) 날씨가 추운 데다가 길이 얼어
2) 발이 편한 데다가 디자인도 세련돼
3) 많이 걸은 데다가 점심도 못 먹어
4) 약속 시간에 늦은 데다가 친구와 길이 엇갈려

연습 2 1) 열심히 공부하는 데다가 이해력도 좋아
2) 축구를 잘 하는 데다가 리더십도 있어
3) 요리를 잘하는 데다가 성격도 좋아
4) 기타도 잘 치는 데다가 노래도 잘 불러

3. A-(으)ㄴ 셈이다, V-는 셈이다 p.91

연습 1 1) 싼 셈이에요
2) 가는 셈이에요
3) 쓴 셈이에요
4) 낸 셈이에요

연습 2 1) 여름 빼고 계절마다 가니까 자주 가는 셈이에요.

2) 여권과 비행기 표도 준비했고 가방도 다 챙겼으니까 다 준비한 셈이에요.
3) 경복궁, 명동, 남대문시장, 강남에 가 봤으니까 거의 다 한 셈이에요.
4) 낙지볶음 빼고 다 먹어 봤으니까 거의 다 먹어 본 셈이에요.

4. N에 불과하다 p.92

연습 1 1) 인사말
2) 돌멩이
3) 미신
4) 변명

연습 2 1) 숫자
2) 점수
3) 환상

연습 3 1) 다섯 번 이상 간다고 대답한 사람은 5%
2) 밥과 국을 먹는다고 응답한 사람은 10.5%
3) 만족스럽다는 대답은 10%

15과 동물과 식물

어휘 p.98

연습 1 1) 진화한
2) 훈련시키
3) 멸종되
4) 번식하
5) 학대하

연습 2 1) 집이 지저분해졌다
2) 정서적으로도 안정된다
3) 관리가 힘들다
4) 외로움을 달랜다
5) 물 주기가 번거롭다

연습 3 1) 인내심
2) 호기심
3) 동정심
4) 경쟁심
5) 애국심

문법과 표현

1. N만 못하다 p.100

연습 1 1) 지난달 수입만 못해
2) 동생만 못해
3) 1편만 못하
4) 국립 도서관만 못해

연습 2 1) 안 하는 것만 못해요
2) 부족한 것만 못할 수도 있겠네요
3) 한 번 보는 것만 못하
4) 모자라는 것만 못할
5) 거짓말을 하는 것만 못하

2. V-(으)ㄹ 게 아니라 p.101

연습 1 1) 외식만 할 게 아니라 집에서 만들어 먹는 게 어때
2) 충동구매를 할 게 아니라 꼭 필요한지 생각해 보고 사는 게 어때
3) 불평만 할 게 아니라 같이 진지하게 얘기를 하는 게 어때
4) 무작정 시작할 게 아니라 계획을 세워서 하는 게 어때
5) 계속 기다릴 게 아니라 회사에 전화해 보는 게 어때

연습 2 1) 억지로 참을 게 아니라 잠깐 눈을 붙이
2) 해결해 주려고 할 게 아니라 맞장구쳐 주
3) 물만 줄 게 아니라 햇빛이 충분한지 살펴
4) 자기 나라 문화만 고집할 게 아니라 차이를 인정해

3. N(으)로서 p.103

연습 1 1) 우리 집안의 가장으로서
2) 너의 친구로서
3) 의사로서
4) 그 가수의 팬으로서
5) 이 나라의 국민으로서

연습 2 1) 나무로서
2) 곤충으로서
3) 화초로서
4) 조류로서

4. A/V-(으)므로 p.104

주말에는 사람이 많이 몰린다.	이용하는 데 불편함이 없다.
여러 가지 편의 시설이 잘 되어 있다.	평일에 방문하는 것이 좋다.
다양한 할인 혜택을 준다.	날씨에 크게 영향을 받지 않는다.
실내외 다양한 체험 활동이 준비되어 있다.	저렴한 비용으로 이용할 수 있다.

연습 1 1) 주말에는 사람이 많이 몰리므로 평일에 방문하는 것이 좋다
2) 여러 가지 편의 시설이 잘되어 있으므로 이용하는 데 불편함이 없다
3) 다양할 할인 혜택을 주므로 저렴한 비용으로 이용할 수 있다
4) 실내외 다양한 체험 활동이 준비되어 있으므로 날씨에 크게 영향을 받지 않는다

연습 2 2) 포도는 강아지 건강에 안 좋으므로 강아지에게 포도를 주면 안 된다.
3) 이 꽃이 잘 자라려면 햇볕이 필요하므로 햇빛이 있는 곳에 두는 게 좋다.
4) 곰한테 아무 거나 먹이면 배탈이 날 수 있으므로 먹이를 줄 때 조심해야 한다.

복습 5 어휘와 문법

연습하기 p.110

1. 1) 펼쳐진, 펼쳐질
2) 달랜다, 달래
3) 뻥 뚫리는, 뻥 뚫려
4) 날리, 날리
5) 안정된, 안정되

2. 대상으로 조사한, 청소년에게 아르바이트 경험이 필요한지에 대해 질문했습니다. 필요하다는 대답이 69%를 차지했고, 31%는 필요 없다고 응답했습니다, 는 것으로 나타났습니다.

3. 1) 번식하
2) 줄어들어
3) 인상되었
4) 감소하

평가하기 p.114

1. ① 2. ② 3. ④ 4. ③ 5. ② 6. ④ 7. ① 8. ①
9. ③ 10. ④ 11. ③ 12. ②

복습 5 듣기 p.118

1. ② 2. ④ 3. ④ 4. ② 5. ① 6. ② 7. ④ 8. ①
9. ③ 10. ③ 11. ③ 12. ①

복습 5 읽기 p.121

1. ② 2. ③ 3. ② 4. ① 5. ② 6. ④ 7. ③ 8. ③
9. ① 10. ① 11. ① 12. ④

16과 과학의 신비

어휘 p.130

연습 1 1) 이유가 밝혀질
2) 현실적으로 불가능해요
3) 원리가 궁금해요
4) 실제로 존재한
5) 이론적으로 가능하

연습 2 1) 흥미가 없었다
2) 골치가 아프
3) 관심이 생겼다
4) 신비롭게 느껴졌다

연습 3 1) 부정확할
2) 불규칙한
3) 불가능하다
4) 불공평하다
5) 불확실한

문법과 표현

1. A-다기보다는, V-ㄴ/는다기보다는 p.132

연습 1 1) 공부를 따로 한다기보다는
2) 운동을 좋아한다기보다는
3) 고양이를 싫어한다기보다는
4) 마음에 안 든다기보다는

연습 2 1) 모양이 마음에 안 든다기보다는 색깔이 너무 화려해
2) 느리다기보다는 세상이 너무 빨리 돌아가
3) 사랑이라기보다는 집착인

4) 아프다기보다는 어제 과로를 해서 좀 피곤해

2. 설마 A/V-겠어요? p.133

연습 1 1) 설마 실수하겠어요
2) 설마 또 고장 나겠어요
3) 설마 춥겠어요
4) 설마 못 알아듣겠어요

연습 2 1) 음식 종류가 10가지나 되는데 설마 혼자서 만들었겠어요
2) 세 권짜리 책인데 설마 하루 만에 다 읽었겠어요
3) 지난달까지도 애인이 없었는데 설마 결혼을 했겠어요
4) 어제 기온이 영상 5도였는데 설마 눈이 내렸겠어요

연습 3 1) 설마 혼자 이걸 다 먹는 건 아니겠지?
2) 설마 자고 있었던 건 아니겠지?
3) 설마 내 이름을 잊어버린 건 아니겠지?
4) 설마 그 말을 믿는 건 아니겠지?

3. N(으)로부터 p.135

연습 1 1) 팬들로부터 많은 사랑을 받고 있다
2) 부모님으로부터 물려받은 것이다
3) 컴퓨터 회사로부터 아직 연락이 없다
4) 가장 친한 친구로부터 받은 선물이다
5) 대학교로부터 합격했다는 메일을 받았다

연습 2 1) 할아버지로부터 요리에 소질이 말을 듣고 시작하게 되었습니다
2) 어머니로부터 절대 포기하면 안 된다는 말을 듣고 다시 힘을 냈습니다
3) 손님으로부터 정말 맛있다는 말을 들었을 때 가장 기뻤습니다

4. N에 의해(서) p.136

연습 1 1) 사람들에 의해
2) 김재규 감독에 의해
3) Y염색체에 의해
4) 생각 없이 하는 말에 의해

연습 2 1) 부모님
2) 노력
3) 소비자
4) 온도

17과 만남과 헤어짐

어휘 p.142

연습 1 1) 처음 만난 게 엊그제 같은
2) 세월이 쏜살같
3) 기억이 생생하다
4) 좋은 추억으로 남
5) 가슴속에 간직하

연습 2 1) 예전만 못하
2) 너무 변해서 못 알아볼
3) 몰라보게 달라져
4) 하나도 안 변했다
5) 예전 그대로였다

연습 3 1) 무소식이 희소식이에
2) 옷깃만 스쳐도 인연이라
3) 손꼽아 기다리
4) 세상이 참 좁

문법과 표현

1. A-다 싶다, V-ㄴ/는다 싶다 p.144

연습 1 1) 머리가 복잡하다 싶어서
2) 길이 막힌다 싶어서
3) 사진을 잘 찍는다 싶어서
4) 무소식이 희소식이다 싶어서

연습 2 1) 손재주가 있겠다 싶어서
2) 싱겁겠다 싶어서
3) 입이 무겁겠다 싶어서
4) 새로 이사 간 집이 교통이 불편하겠다 싶어서

연습 3 1) 점심 때 너무 급하게 먹는다 싶더니
2) 돈을 생각 없이 쓴다 싶더니
3) 둘이 툭하면 싸운다 싶더니
4) 스마트폰을 너무 많이 본다 싶더니

2. V-곤 하다 p.146

연습 1 1) 세수를 하곤 해요
2) 고향 음식을 만들어 먹곤 해요
3) 지도를 찾아보곤 해요
4) 컴퓨터로 찾아보곤 해요

연습 2 1) 아버지와 자전거를 타곤 했어요
2) 생일 선물을 받고 싶어서 생일을 손꼽아 기다리곤

했어요

3) 밥을 많이 먹는다고 놀리곤 했는데 후회가 돼요

4) 자주 지각을 해서 선생님께 야단을 맞곤 했어요

3. A/V-았었/었었- p.147

연습 1 1) 일이 없어서 친구들과 같이 노래방에 가곤 했었다

2) 이메일이 없어서 친구들에게 손편지를 쓰곤 했었다

3) 건강을 생각하지 않고 외식을 하곤 했었다

4) 다른 사람을 배려하지 않고 함부로 행동하곤 했었다

연습 2 1) 옛날에는 사람이 정말 많았었지요

2) 고등학교 때는 많이 들었었어요

3) 작년에는 많이 갔었어요

4) 매일 만나서 놀았었는데요

연습 3 1) 아프다고 거짓말을 했었지

2) 그 사람을 보면 이유 없이 화를 냈었지

3) 대학 입학했을 때

4) 공부는 안하고 놀러만 다녔었지

4. V-는 사이(에) p.148

연습 1 1) 동료들이 점심 먹는 사이에 내가 밀린 일을 끝냈다

2) 부모님이 주무시는 사이에 동생이 컴퓨터 게임을 했다

3) 내가 도서관에서 공부하는 사이에 친구가 집으로 찾아왔다고 했다

4) 내가 텔레비전 보는 사이에 오빠가 내 피자를 먹어 버렸다

5) 나도 모르는 사이에 내 한국어 실력이 좋아졌다

연습 2 1) 방에서 숙제하는 사이에

2) 잠깐 화장실에 간 사이에 전화가 왔나 봐요

3) 밖에 나간 사이에

4) 친구와 이야기하는 사이에

5) 외국에서 공부하는 사이에

18과 흥부와 놀부

어휘

p.154

연습 1 1) 도깨비

2) 박

3) 제비

4) 톱

5) 보물

연습 2 1) 부러뜨려

2) 내쫓았다

3) 쏟아져

4) 열리는

5) 묶어

연습 3 1) 훨훨 날 수 있다면 얼마나 좋을까

2) 슬근슬근 톱질하세 슬근슬근 톱질하세

3) 과일이 주렁주렁 열려 있었습니다

4) 터덜터덜 걸어왔습니다

5) 빙빙 돌았습니다

문법과 표현

1. V-아/어 대다 p.156

연습 1 1) 코를 골아 대서

2) 전화를 해 대서

3) 먹어 대서

4) 짖어 대서

5) 노래를 불러 대서

연습 2 1) 울어 대

2) 먹어 대

3) 졸라 대

4) 사 대

2. N(이)며 N(이)며 p.157

연습 1 1) 구두며 운동화며

2) 빵이며 국수며

3) 인형이며 로봇이며

4) 뱀이며 사자며

연습 2 1) 수학이며 역사며

2) 버스며 지하철이며

3) 부모님이며 친구며

4) 텔레비전이며 컴퓨터며

복습 6 어휘와 문법

연습하기

p.160

1. 1) 희소식 2) 쏜살 3) 추억 4) 엊그제 5) 인연

2. 1) 훨훨 2) 주렁주렁 3) 빙빙 4) 터덜터덜

3. 1) 실제로 존재할 거라고

2) 이유가 밝혀졌다는
3) 이론적으로는 가능하다고
4) 원리가 궁금할

4. 1) 불가능하다
2) 불규칙적이다
3) 불공평하다
4) 불확실하다
5) 부정확하다

평가하기 p.164

1. ② 2. ① 3. ③ 4. ④ 5. ③ 6. ④ 7. ① 8. ③
9. ② 10. ② 11. ④ 12. ①

복습 6 듣기 p.168

1. ④ 2. ③ 3. ② 4. ③ 5. ② 6. ④ 7. ③ 8. ①
9. ① 10. ④ 11. ① 12. ②

복습 6 읽기 p.171

1. ① 2. ② 3. ② 4. ② 5. ④ 6. ② 7. ③ 8. ③
9. ④ 10. ① 11. ③ 12. ④

집필 Authors

최은규 Choi Eunkyu

서울대학교 국어국문학과 박사
Seoul National University, Ph.D. in Korean Language and Literature

서울대학교 언어교육원 한국어교육센터 대우부교수
Seoul National University, LEI Associate Professor

오미남 Oh Minam

중앙대학교 문예창작학과 석사
Chung-Ang University, M.A. in Creative Writing

서울대학교 언어교육원 한국어교육센터 대우전임강사
Seoul National University, LEI Full-time Instructor

유재선 Yoo Jaeseon

연세대학교 외국어로서의 한국어 교육학 석사
Yonsei University M.A. in Education of Korean as a Foreign Language

서울대학교 언어교육원 한국어교육센터 대우전임강사
Seoul National University, LEI Full-time Instructor

하신영 Ha Shinyoung

서울대학교 국어국문학과 박사
Seoul National University, Ph.D. in Korean Language and Literature

인천대학교 국어국문학과 조교수
Incheon National University, Assistant Professor in the Department of Korean Language and Literature

번역 Translator

로버트 카루바 Robert Carrubba

서강대학교 국어국문학과 석사
Sogang University, M.A. in Korean Language and Literature

한국어 교육자 및 번역가
Korean Language Educator and Translator

번역 감수 Translation Editor

이소영 Lee Soyoung

이화여자대학교 교육공학과 박사
Ewha Womans University, Ph.D. in the Department of Educational Technology

서울대학교 언어교육원 한국어교육센터 대우전임강사
Seoul National University, LEI Full-time Instructor